尾崎孝史
TAKASHI OZAKI

未和
MIWA

NHK記者はなぜ過労死したのか

岩波書店

本書の取材は2017年10月から2019年3月まで1年半にわたりました．取材に応じてくれた方や，情報を提供してくれた方は100人以上にのぼります．皆様から寄せられた記憶をつなぎあわせることで，生前の佐戸未和さんや彼女の職場の様子を再現することができました．「未和さんのことを伝え残すため」との趣旨を受け止め，多忙のなかご対応いただいたことに心より感謝申し上げます．

文中に表記した年齢は原則として出版時のものです．仮名で紹介した都庁クラブのメンバーについて，そのクレジット(仮名)は初出時に添えてあります．3, 95, 190ページに掲載した写真は一部加工しています．

未和が三一年間生きてきた証をこの世に残したい。
短い人生を駆け抜けるように逝ってしまった未和のありのままの姿を蘇らせたい。
この本にはそんな私たちの思いが詰まっています。
多くの人々に出会い育まれ、鍛えられ、愛されてきた未和。
皆様とのご縁や思い出を私たちは決して忘れません。

佐戸　守
佐戸恵美子

はじめに

NHKの女性記者が突然この世を去った。読者はその事実をご存知だろうか。

私が佐戸未和さんの死について知ったのは、二〇一七年一〇月五日、朝日新聞に掲載された記事を目にしたときだった。朝刊一面の中ほどにあった見出しは、「NHK記者が過労死　労災認定、残業月一五九時間」。社会面には、「三一歳NHK記者　過労に消えた笑顔」のタイトルとともに、こちらを振り向く未和さんの写真があった。記事には、「未和がいなくなり、体半分がもぎとられたような気持ち」と、母親の言葉が添えられていた。

未和さんが亡くなったとされたのは二〇一三年七月二四日。真夏の選挙取材を終えた三日後だった。私はとっさに、「何で自分は知らなかったのだろう」と思った。なぜなら、私はフリーランスの映像制作者として二五年間NHKで働いていたからだ。こんなにも若い記者が亡くなったとしたら、何らかの形で伝わるのが普通だ。なぜ四年以上も公になっていなかったのだろう。なぜ他社の報道によって知ることになったのだろう。「NHKは未和の死のけじめをつけていない。このままでは未和の死が風化し、葬り去られる」という、両親の切迫した思いに説得力を感じた。

翌日の新聞には、両親の代理人として弁護士の名前が記してあった。私はその弁護士の事務所へ向かい、両親にあてた手紙を託すことにした。一〇日ほどが過ぎたある日、携帯電話の着信音が鳴った。ディスプレイに表示されたのは未登録の番号だった。

「あの……佐戸未和の母ですが」

かすれるような女性の声が聞こえた。未和さんの母、恵美子さんだった。

面会の日について相談するため、お仕事はされていますかと尋ねた私に恵美子さんは答えた。

「私はとても働く気にはなれませんし、主人は私に寄り添うため会社をやめて、ずっとそばにいます」

追い込まれた家族の姿が電話越しに伝わってきた。


自宅を訪ねた日は小雨だった。都内を走る私鉄の駅を降り、商店街と幹線道路を歩くこと約一〇分。その先に未和さんの実家があった。

父の守さんは未和さんの祭壇がある部屋に私を案内してくれた。

「娘のお墓は用意したのですが、暗い夜に一人にさせると寂しいでしょ。だから、まだ納骨してないんです」

そう話す恵美子さん。遺影の写真は未和さんがハワイ旅行に行ったときのものだという。南国の風を受けながら、婚約者に微笑みかける未和さんは幸せいっぱいの表情だ。

遺影の横には携帯電話が三つ置いてある。自宅のベッドで発見されたとき、未和さんは仕事用の電話を握っていたそうだ。

「これ、未和の涙なんです」

恵美子さんが見せてくれたのは、遺影の額に掛けられた未和さんのジュエリーだった。せめてそれに触れることで、別れの猶予もなくあの世へ逝ってしまった我が子とつながっていたい。恵美子さんのそんな思いを強く感じた。

「未和はＮＨＫを愛していました。記者としての仕事に誇りを持っていました。決してＮＨＫを恨んでいるわけではないと思います」と語る恵美子さん。ＮＨＫを思う気持ちは私も未和さんと同じだ。

これまで私は世の不正を告発し、より良き社会を築くため骨身を削って番組を作る多くのＮＨＫ職員と出会ってきた。そのＮＨＫ自らの内部で起きた出来事に対して、職員たちはどう向き合っているのか。知らずにはいられない。

「なぜ未和は突然死んだのか。過労死したという情報を誰かが局内で止めていたのか。誰がどういう判断をしたのか。本当のことを知りたいのです」

ひざをつきあわせて一時間半。両親の訴えに耳を傾けていた私は、関係者から聞き取りをする役目を引き受けることにした。

外へ出たとき雨は降っていたのか、天候を気にする余裕もなく帰路についた。はるか彼方にそびえるＮＨＫ放送センターは雲の向こうだ。両親が望む答えにたどり着くことはできるだろうか。未和さんの生きた証をつむぐ旅が始まった。

目　次

目　次

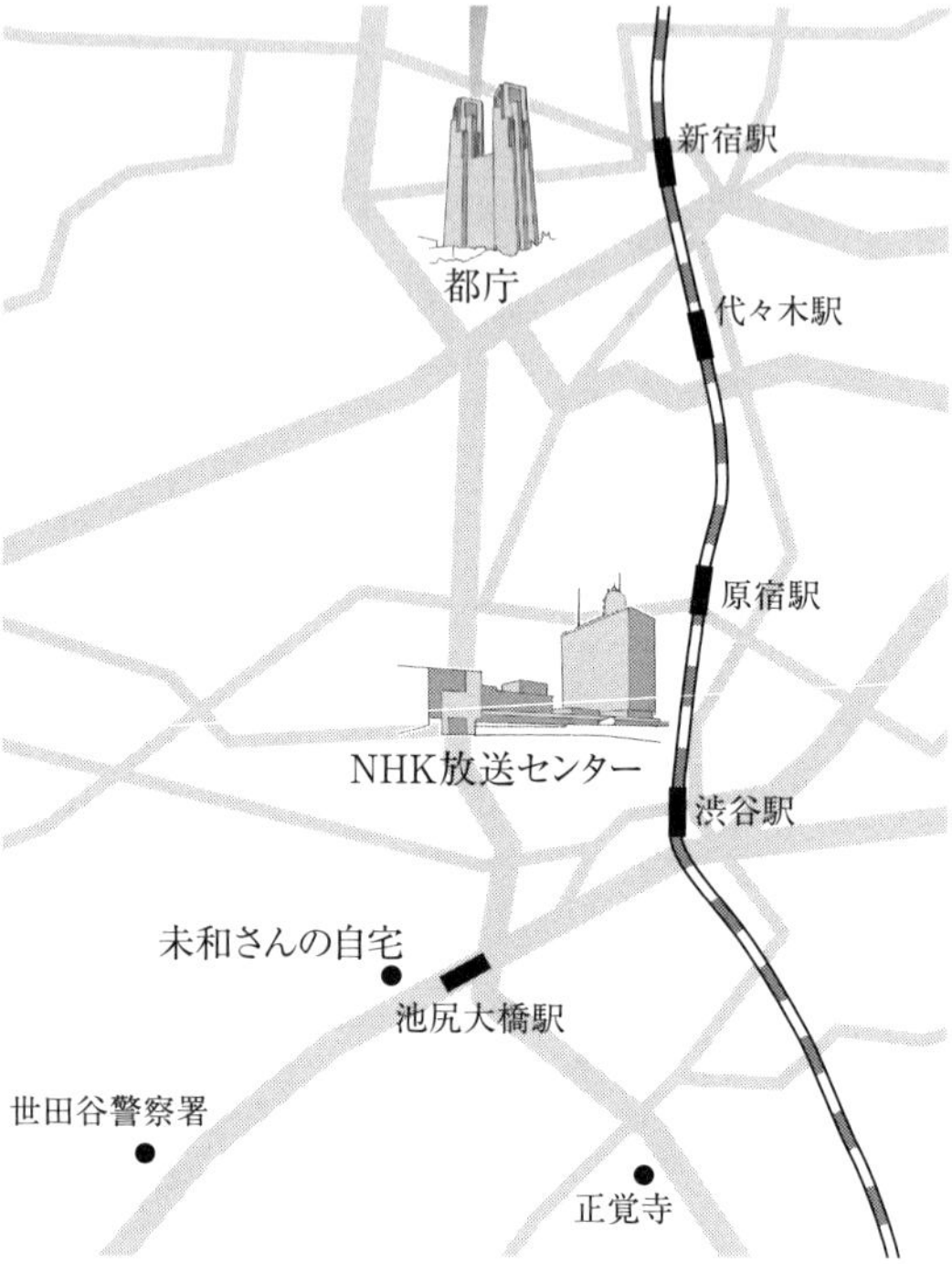
新宿駅
都庁
代々木駅
原宿駅
NHK放送センター
渋谷駅
未和さんの自宅
池尻大橋駅
世田谷警察署
正覚寺

1 はい。都庁クラブ、佐戸です

NHK総合テレビで平日の夜九時から放送されている「ニュースウオッチ9」。二〇一七年一〇月四日九時三〇分過ぎ、「NHK　記者の過労死を公表」というテロップとともに、スタジオの有馬嘉男キャスターが原稿を読み始めた。

「NHKは四年前、東京の首都圏放送センターに勤務していた当時三一歳の女性記者が心不全で死亡し、労働基準監督署から長時間労働による過労死と認定されていたことを公表し、このことをきっかけに取り組んできた働き方改革をさらに徹底して進めることにしています」

取材中の未和さんやNHKの建物の映像を交えて二分一六秒。その日、八番目のニュース項目だった。未和さんの死亡推定日とされていた二〇一三年七月二四日から一五三三日が過ぎていた。

このニュースが放送される直前、NHKの担当者と両親との間で苛烈な交渉が行われていた。その経緯については第8章で詳しく伝えたい。

「ニュースウオッチ9」放送の翌月、私は両親へのインタビューを始めることにした。未和さんがどのように生まれ育ち、記者を目指すようになったのか聞いてみたかったからだ。

インタビューの場所は自宅の居間を使わせていただいた。居間には二人掛けの白いソファーがある。

その左側に父の守さん、右側に母の恵美子さんが座っていた。未和さんの祭壇は両親の視線の左側にある。晴天の昼下がり、窓から差し込むやわらかい光が遺影に届いていた。

二〇一三年六月、新宿

ま、ま、眩しい！　ビルのガラスが照り返す日差しは半端ないし、まだ午前中だっていうのにアスファルトから陽炎がたってるし。いったいどうなるの、今年の夏！

　突然ですが、私、ＮＨＫ入局九年目の記者、佐戸《さど》未和《みわ》です。生まれは長崎で、父の転勤で五歳のときから東京で暮らしています。好きな映画は「メメント」。カラオケでよく歌うのは「ハナミズキ」。ただいま独身、三〇歳です。

　いま私が歩いているのは東京の副都心、新宿。長い地下道があって、そこを抜けると高いビルがたくさん見えてくる。その先に私の職場があります。シルバーのブロックを積み上げたような、上の方が二本に分かれているあのビルディング。そう、建築家の丹下健三氏が設計した東京都庁第一本庁舎、そのおへそのあたりです。

　低層階用のエレベーターに乗って六階でおりると……ドアの隙間から広間が見えたでしょ。あれが記者会見室です。歴代の都知事が、記者の質問に対してヒートアップすることもありましたね。都知事の会見を主催しているのは東京都庁記者クラブ。いま加盟しているのは二二社で、各社のブースは独立した部屋になっています。

　一番手前が共同通信。そこから順に東京、毎日、日経、読売……着きました。読売新聞と朝日新聞の間にあるのがＮＨＫ都庁クラブのブースです。

NHK 記者　佐戸未和さん
首都圏放送センターへ異動した 2010 年　遺族提供

「おはようございます」

私が声をかけたのは先輩の川辺さん(仮名)。一匹狼の記者として一目置かれている都知事の番記者です。他社が伝えていない情報を、いち早く取材してお茶の間に届ける――その使命を受けて派遣されている私たち。本社はここから南へ三キロのところにある日本放送協会、ＮＨＫです。

私たち記者の勤務時間は、その日の仕事に応じて調整することになっています。専門用語では、「事業場外みなし労働時間制」。取材の時間にあわせて自宅から現場へ直接向かうこともあるので、いまメンバー五人のうち三人は不在です。

「はい。都庁クラブ、佐戸です」

都の職員から問い合わせの電話だ。急ぎの用ではなさそうだけど、キャップの携帯にメールしておこう。

ここのボスで、都庁キャップと呼ばれている東條さん(仮名)の席は窓際の右手にあります。四人の部下は東條さんに背を向ける形で、奥から年次順に川辺さん。次に、甘いマスクの沢村さん(仮名)。その隣が私の一年上の林さん(仮名)。私は入り口に一番近い席に座っています。

ブースの窓は東向き。とても大きくて、正面に東京都議会議事堂、その奥に京王プラザホテルが見えます。そのホテルでランチをしようと、一度母を誘ったことがありました。すると、その日も急な仕事がふってきて、母を二時間も待たせることになってしまいました。

彼氏は私と同じ転勤族で、いまは地方勤務。お互いの休みが重なった日に上京してきてくれるのです。付き合いはじめてほぼ二年。二人の間では結婚を決めているから婚約者ですね。でも、母の理解はいまだ得られず……。彼の実家では歓迎されたのに。いろんなことがあったゴールデンウイークでした。

ＮＨＫ記者、佐戸未和さんの日常を彼女自身が語るとどうなるだろうか。筆者がそう思いついたのは、未和さんに関する資料の山に囲まれて半年ほどが経ったころだった。気さくで朗らかで、誰とでも分け隔てなく接することができる三〇歳の女性。その仕事ぶりを伝えるには、彼女の視点から再現してみるのが一番だと気づかされた。

第１章はそのような趣旨に基づく筆者の創作モノローグだ。彼女の語り口や心理描写は筆者の創作で、「私」こと未和さんが語る出来事は次のような資料に基づいている。あわせて三〇〇時間ほどにのぼる関係者へのインタビュー。ＮＨＫから遺品として届いた取材ファイル、放送を録画したＤＶＤ。未和さんがスケジュールを書き込んでいたＮＨＫ手帳や取材ノート。携帯電話やパソコンでやりとりされたメールなどだ。なお、プライバシーや読みやすさなどに配慮して、表現を一部変えているところもある。

未和さんが亡くなる前の月、六月一〇日午前九時五三分、彼女は勤務前の時間を使って友人にこんなメールを送っていた。

〈無題　いまから取材　またあとでね〉

資料を探ったものの、どこへ取材に行ったのかはわからない。しかし、その日の午後に重要な会議が控えていたことから近場、もしくは都庁内での情報取材だったのではないかと想定し、モノローグを続けることにする。

東京都福祉保健局次長（当時）
梶原　洋さん

ところでこの庁舎、何階建てだか知ってます？　実に最上階は四八階で完成時は日本一の高さだったのです。クラブの記者にとって、都庁舎を駆け回るのも大事なお仕事。四月に放送した「どうなる？　路上販売の弁当」の企画のときは、二二階にある福祉保健局の次長室で情報を仕入れ、二一階で食品監視課長にインタビューをしました。そのときのことを、当時次長だった梶原洋さん（六〇）が話してくれました。

「弁当の路上販売って、結構もめた案件なんですよ。何の基準もなしにビルの前で売られているから。対策として、どんな仕組みを作ろうとしているか、佐戸さんとやりとりした記憶がありますね。彼女は相手の懐に飛び込むのがうまいというか、バリアなく話せるタイプでした。だから、僕たちもついついしゃべっちゃいけないことも話してしまって（笑）」

次長の出身は私の初任地と同じ鹿児島県。二年前、私が異動の挨拶に行ったとき、その話題で盛り上がりました。幹部とのつながりは大切なので二、三度飲みにお誘いしたこともあります。

「佐戸さんの方から、『じゃあ、行きますか？』みたいな感じで誘ってくれて。やっぱり、飲みニケーションみたいなところもありますから。次の日、『どうもありがとうございました』とメールを送ったら、佐戸さんから返事が来て、『飲みすぎて逆方向の電車に乗っちゃいました』って（笑）」

選挙取材って何？

きょうは六月一〇日、月曜日です。今週木曜日に告示される東京都議会議員選挙まであと四日。七月二一日投開票の参議院選挙が終わるまで、気の抜けない日が続きます。えっ？　なんで選挙がそんなに大変かって？　それは、ＮＨＫ報道の二大柱だからです。ＮＨＫの公式見解らしきものを紹介しますね。

〈選挙と災害はＮＨＫ報道の二本柱となっており、報道部門にいる職員はその重要性を深く心に刻み、公共放送としての使命を達成するため、日々業務にあたっている〉

私も新人研修のときから見聞きしてきました。私の同期の記者Ａさんもこう話しています。

「ＮＨＫの記者にとって二本の柱があります、と私たちは最初に習います。一つは災害報道。これは、台風とか火事とか人の命に関わることだから大切ですよね。そして、もう一つは選挙報道だ、と。いつも言われているので、ＮＨＫの記者であれば誰しもわかっています。この二つの仕事については経費度外視の青天井だということもです」

では、選挙の業務って何なのでしょうか。うちのキャップはこう話しています。

「選挙にかかる業務の大目標は、正確に当確判定をするということです」

選挙の日の夜、テレビ局が競って生放送している、あれです。「ピロン！　ただ今、○○選挙区の○○候補に当選確実が出ました」ってね。あの、まるで競馬中継みたいなのが大目標なわけです。でも、なぜ一分一秒を争う必要があるのでしょう。選挙の翌朝には投票用紙の集計は終わって、誰が当選して、誰が落ちたか、全部正確にわかるんですよ。

これには諸説あるようです。まず同期の記者Bさんの説明です。

「そこに競争が発生しているからです。何もうちだけが打っているわけじゃなくて、ＴＢＳや日テレ、朝日新聞や読売新聞など、同業他社の間で競争しているわけですから。また、有名な候補が落ちたとか、受かったというのは、ある意味関心事だったりもします。そういった視聴者の期待に応えよう、というところから当確報道が始まったのではないでしょうか。一方、いまの政権が継続するかどうかというのは、ＢＢＣやＣＮＮを通じて世界に速報されるようなニュースです。そういう意味では需要という側面もあると思います」

プロである以上、勝負に勝たねばならない。値がつくニュースを出さなくてはいけない。

次に、先輩記者Ｃさんの説明です。

「その選挙についてどれほど深く取材をしているか、ということの結果だからだと教えられています。つまり、十分かつ正確な取材をしていれば速やかな判定ができるはずだ、という考え方です。また、当確が出た候補者にインタビューをする権利にも関わってくるということもあります。放送センターの担当者から、『中継ではうち（ＮＨＫ）のアナウンサーを使え』と指示がきます。そのリクエス

 トに応えるためには、早く当確を打たないとまずいじゃないですか」

なるほど。

それにしても、二本の柱が「戦争と災害」とか「人権と災害」とかではなく、なぜ「選挙と災害」なのでしょう。公共放送にとって、福祉や教育も大切な使命じゃないのかって、実は私たち自身も腑に落ちないところはあります。ところが、そんな疑念をはさむ余地がないほど、選挙の業務には圧倒的な強制力があるのです。その力の源は、当確を打ち間違えたときに発動される降格人事です。

当確判定を間違えた記者に下される降格人事。長年にわたりＮＨＫ記者の間で語り継がれている暗黙の掟だ。たとえば、二〇一四年に実施された総選挙。東京二一区でツバ競り合いをしていた民主党の候補と自民党の候補がいた。ＮＨＫはいち早く民主党の候補に当選確実を出したが、その後、一六〇〇票ほどの差で自民党の候補が当選することになった。明らかな当確判定のミスだった。

すると、間髪容れず当確判定を担当していた記者デスク二人が異動になった。一人は、自ら取材に出向くことのない内勤デスクに。もう一人は遠く北海道に。将来を期待されたエース級の記者だったにもかかわらずだ。

〈当確を打つというのは未来を予測するような難しい仕事〉

未和さんの同僚の言葉だ。結果がすべて。一切の言い訳は許されない。その困難かつ、完璧さを求められる仕事を立て続けに担うことになったのが、未和さんたちＮＨＫ都庁クラブの記者だった。

ここで私たち五人の担当分野と、都議選と参院選に向けて割り振られた政党名を紹介します。

東條（入局二三年目　仮名）　都庁キャップ
川辺（入局一五年目　仮名）　新党・尖閣諸島問題，環境エネルギー／自民党
沢村（入局一二年目　仮名）　オリンピック招致，防災・震災対策，都財政／公明党
林（入局一〇年目　仮名）　防災・震災対策，公共事業，築地市場移転，（原発）／民主党
佐戸（入局九年目）　福祉・医療，食の安全，教育／みんなの党，共産党，一人会派

自民党や民主党の方が有力候補が多くて大変かというと，一概にそうは言えません。政権政党や大きくて歴史がある政党は，選挙のときの流儀がある程度決まっていて，元締め役もはっきりしています。組織票をどれほど固めたかとか，それぞれの候補の勢いはどうだとか，選挙の参謀に教えを乞えばある程度正確につかめるのです。ところが，出来て間もない党や市民政党，無党派の候補に至っては，関係者と人間関係を作るところからスタートです。その先も，気ままな党首に振り回されたり，無党派層の風が吹いたりで，正確な状況が見えないまま時間ばかりが過ぎていって……目下の大問題は，みんなの党が公示直前になっても参院選東京選挙区の候補者を決めていないことです。

きのう（六月九日）の日曜日，私はみんなの党の関係者と連絡を取り合って，都内の演説会場を取材して回りました。事務所から届いた渡辺喜美代表のスケジュールは文字通り，分刻みです。

一〇時一〇分頃，NHK日曜討論／一一時一五分，府中駅北側で演説／一四時〇〇分，高田馬場
一六時〇〇分，三軒茶屋／一八時〇〇分，中野駅北口／二一時〇〇分，BS-TBS出演
移動の途中，こんなやりとりもありました。
一四時二〇分，関係者からのメール〈安倍総理がこのあと入る関係で時間調整がありました〉
一四時二二分，佐戸から関係者へのメール〈ありがとうございます！　このあと中野に行きます〉

一四時二三分、関係者からのメール〈はい。私は総理を覗いてきます〉
一四時五五分、関係者からのメール〈茶屋通りを桃太郎（宣伝行動）しました〉
一五時〇九分、佐戸から関係者へのメール〈ありがとうございます〉
選挙前の週末は党首自ら街頭に立って舌戦を繰り広げます。ターミナル駅で鉢合わせすることも珍しくありません。
「都議選で勝って、参院選で勝って、政治を安定させなければ日本を取り戻すことはできません！」
昨年末、政権を奪還したばかりの安倍首相。二二年ぶりに二つの選挙が重なるとあって、マイクを握る手にも力が入ります。
この日の最高気温は二九・一度。天候は晴れのち薄曇りで、一日中直射日光にさらされっ放しでした。帰宅して一息つけたのは深夜の一時前。彼にメールを送ろうとしたものの途中で力尽き、寝落ちしてしまいました。

「センターまで相乗りで行かない？」

ブースに戻ってきた私に、川辺さんが声をかけてくれました。放送センターで大切な会議があるので、タクシーで一緒に行かないかという提案です。

「すみません。私、ちょっと寄っていくところがあるので」

そう言って、私はパソコンに届いていたメールを再度チェックしました。

〈一〇日の会議の報告の考え方について／六月七日一五時七分／首都圏選挙班・〇〇より
都議選情勢記者様（CC　当確判定デスク様　都庁クラブ様）

お疲れ様です。一〇日(月)の票読み会議は、幹部挨拶は省略しまして、すぐに都庁クラブから全体状況について報告していただいた後、選挙区ごとの報告に移ります。

報告は「情勢分析・強弱の根拠」について中心的にご報告ください。当確の打ち方について、取材票の入力方法やサンプル環境・方針等は、皆さん衆院選の実績もあり、最終的にきちんと計画を立てられると思いますので、一通り話された後、最後に簡単に説明していただければ結構です。

前回票読み以降、今回までの間に街頭調査は行っていませんので、皆さんの情勢取材による感触が票読み・情勢分析の最大の根拠になります。

参院選を前に自民が強く、維新が失速し、その分民主に戻ってきているような雰囲気が各選挙区に本当にあるのか。自民党の政策・アベノミクスなどへの評価は都議選の票とどのように結びつくのか。個別の選挙区ごとの特殊な事情など、前回以上に強弱判断が妥当と受け止められるような報告を期待しています。

また過去票、四年前の得票というのが、今回の票読みをするベースとなるはずですので、共産や公明など基礎票は読み違わないように気をつけてください。

当日は、新センター長や新編集主幹など、新旧の幹部の方々が出席される予定ですので、初見の方たちにも情勢がわかるよう簡潔な報告をお願いいたします〉

渋谷、ＮＨＫ放送センター

「次は原宿、原宿。地下鉄千代田線はお乗り換えです」

東京都庁がある新宿からＪＲ山手線で二駅、原宿駅です。表参道口改札を出て右に折れると明治神宮の正門が見えてきます。陸橋を渡る途中、視界に飛び込んでくるのは代々木体育館。これも丹下健三氏の作品です。

「お疲れ様です」

いま挨拶をしてくれたのはＮＨＫホールの前に立っている守衛さんです。このホールは就職セミナーに使われることもあります。学生時代、私はＮＨＫに提出した就職申込書に、こんなことを書きました。

〈【希望する業務】ニュースの取材制作【第一希望】記者【第二希望】ニュースカメラマン

【理由】今まで見られなかったより多くの世界を見たいため

【学歴】一橋大学法学部国際関係学科卒業見込み

【力を入れて勉強したこと】難民問題、ＰＫＯについて

【上記を選択した理由】日本にいると戦争の恐ろしさや、リーダー次第で一国の政治が変わってしまうことを実感できないから。

【ＮＨＫでやってみたい仕事】多くの人々の声をすくいあげ、人々の選択肢の数を増やすことのできる記者になりたい。

【学生生活を通じて感じたこと】学生主体のラジオ放送を行い、様々な人に出会った。里親をしている大学生や、北朝鮮難民を救おうとしているＮＧＯの方など、直接会って話したからこそ聞けた多くの言葉があった。自分が足を運び、聞く耳を持てば、いろんな人に出会え、世界はもっと広がると感じた〉

「館内では入館証の着用をお願いします」

いま通過したゲートは本館という建物の四階にある職員通用口、通称「四通《よんつう》」です。脇の部屋には報道用の撮影機材が揃えられ、スタッフが常駐しています。何か事件が発生したらロケ車かタクシーに飛び乗り出動です。

本館は二三階建てで、会長室は二一階にあります。私は一階に降りて、別の棟に向かいます。ここから先はドアの色にご注目。報道局が入っている北館、通称「紫御殿」です。一九八九年の衛星放送開始にあわせて作られたビルで、地上三階、地下二階。総合テレビのニュースを出しているスタジオは二階、衛星放送のスタジオは三階にあります。なぜ、すべてのドアが紫色なのかはわかりませんが、確かに目印にはなりますね。

左のドアから大勢の人が出てきたでしょ。「クローズアップ現代」の試写会が終わったようです。私も去年、高速バス事故の取材を担当した縁で、クロ現のみなさんにお世話になりました。放送日が決まると記者やディレクターは取材と編集に邁進します。編集者は次々と届く素材を選んではつなぎ、選んではつなぎ……。一同、放送前夜はナレーションを練り上げるためほぼ完徹。

クロ現の試写室のとなりにあるのは、私が所属している首都圏放送センターです。東京にあるけれど分類としては地方局。私のような取材記者が管理職を含めて三一人。ほかにニュースディレクターや制作記者と呼ばれる人が一五人。センター長は一番奥の部屋にいますよ。私が鹿児島局から移ってきたのは三年前。この部屋で一年過ごして都庁クラブに異動しました。

ところで、NHK職員の人数ってご存知ですか？　今年（二〇一三年）、男性は八八六四人で女性は一五二九人、あわせて一万三九三人です。そのうち、東京の報道局に所属している記者は管理職までふくめて五〇〇人ほどです。廊下をはさんだ向かい側が政治部、経済部、国際部などの居室になっています。

きょうの行き先は地下二階の会議室。じょじょに記者が集まってきます。中央のあたりに幹部たちが並んでいます。都庁クラブのメンバー五人は程よい場所に陣取りました。スマートフォンに転送されたメールを確認すると、会議の時間は〈二三時半～（午後六時）〉。これは長い戦いになりそう。

定刻を過ぎて会議はスタート。都庁クラブは東條キャップが全体の状況を話し、補足事項のある記者が報告をします。都議選の票読み会議は、先月の二三日に続いて二度目です。来週に予定されている三度目の会議が最後。参院選を見越しての取材になっているから、普段の三倍大変だと先輩も言っていました。会議に参加する幹部は多いし、私たちを見つめる視線も厳しいものがあります。

選挙班が強く要請していた「強弱」に話題がうつると、幹部の顔つきが一層引き締まります。「強弱」というのは、それぞれの候補者の優位度をアルファベットで示したものです。圧倒的に優位な候補は「AA」。その次は「A」。当選間違いなしは「B」。激しく競り合っている候補は「C+」や「C−」。そこから泡沫候補の「E」まで、緻密に集めた情報を総動員して判断するのです。この作業が選挙当日の放送につながっていくから手が抜けません。私も議論になったポイントをノートにメモしていきます。

〈東京、アベノミクス評価は比較的高い／自民の人気がどこまでなのかを見極める／公明、共産が上がってきている／共産が民主と最終議席を争う場所　文京、北、日野、北多摩一／○○党の□□候補　女性問題あり微妙〉

会議が終わったあとも、みんなの党と共産党について出された指摘を整理したり、取材の予定を組み直したり。いつの間にか日を越えてしまい、退社できたのは深夜の一時でした。

試練の街頭調査

「おはようございます。七時になりました。六月一五日土曜日、おはよう日本です」
朝のニュースが始まった。そろそろ起きなきゃ。
「きょう日中の予想最高気温です。東京は二九度で八月中旬くらいの気温になりそうです。湿度も高く、蒸し暑くなりそうです」
え？　週末なんだから涼しいカフェで過ごせばって？　それは無理です。ついにきのう、都議選が始まったのですから。きょうの新聞の見出しもこんな感じです。
「都議選告示　参院選へ『一人も落とせぬ』　首相・幹部ら総動員」（読売新聞）
「アベノミクス舌戦　国政モード」（朝日新聞）
「都議選スタート　自公　参院過半数へ弾みを」（毎日新聞）
おかげで、今週の私も選挙一色でした。月曜日は票読み会議。火曜日は選挙取材と都政記事の出稿。水曜日は都議選の形勢展望訓練。木曜日は選挙リポートと告示日取材の打ち合わせ。金曜日は告示日で、共産党候補の第一声を取材。そして土曜日のきょうは、選挙取材の中でも特にきつい仕事が舞い込んできたのです。
〈都議選の街頭調査について／六月一一日一五時三八分／首都圏選挙班　○○
都庁クラブのみなさまお疲れさまです。お忙しいところ申し訳ありませんが、街頭調査のお願いです。今週末、全国一斉の街頭調査を実施しますが、都議選の選挙戦リポートを担当する情勢記者は体があかず、調査が難しい状況です。そこで、都庁クラブの記者のみなさまにご協力いただきたいのです。なお、一七日の票読み会議に向けた情勢報告の締め切りが一六日のため、出来る限り一五日(土)に実施していただけますとありがたいです。よろしくお願いいたします〉

街頭調査とは、道行く人をつかまえて、「選挙に行きますか?」、「投票先は決めていますか?」と尋ね、聞き取りをしていく作業のことです。

いつも、大型選挙の前には二回くらい受け持つことになっていて、私は五月までに済ませていました。それでなくても、選挙が始まると突発的な業務が発生しがちだし、この夏、都庁クラブが大変なのはわかっていたから。でも、普段からいろいろと助けてくれる仲間もいるし、困ったときにはお互い様。気を取り直して、要請を受けた現場に出動です。

「次は両国、両国。お出口は右側です」

首都圏選挙班が私に割り振った選挙区は墨田区でした。担当する選挙区の中のどこで街頭調査をするかは、それぞれの記者の裁量に任されています。実のあるサンプルを得るには大勢の有権者の情報を集める必要があります。となると、人がたくさん集まる場所を選ばないとお話になりません。そこで私は両国駅を選び、やってきたのです。

時間は朝の一〇時前。報道総務部から支給された「街頭キット」を用意して、と。まずは腕章。次に、ボールペンが紐でつながっている画板。そして、候補者の顔写真と名前、生年月日、党派名、選挙区名を一覧にした表。回答を記入するための用紙。最後に記者証を首にかけて、さあ駅舎の外へ。

暑っ!

一回目の街頭調査は三月三〇日でした。あの日はとても寒くて、〈街頭調査、寒すぎて心折れそう〉って友人にメールしました。でも、心折れるのは寒さのせいだけじゃありません。

「おはようございます。ＮＨＫです」

私が声をかけたのは、ビジネスバッグを抱え通勤中の男性でした。あ、残念。男性は視線を落とし、右手をさっとあげて改札口に行ってしまいました。

今度は女性が一人で歩いて来ました。二〇代後半くらいで、日傘をさしています。急いでなさそうだから大丈夫かも。

「あの、ＮＨＫですが」。ニコッと微笑んでくれた。ラッキー、と思ったら。

「……」。声は出さず、す・み・ま・せ・ん、と口元だけ小さく動かして通り過ぎた。

駅員さんがこっちを見ている。視線が合うと、すぐに背を向けた。背中を冷たい汗が流れていった。まだ二人。これくらいでめげている場合じゃない。

本当は改札の中でできるといいのだけれど、あそこは鉄道会社の私有地だからＮＧ。差し障りのない場所となると歩道や公園、スーパーマーケットの前あたりが定番になってしまいます。どこにも屋根がないから直射日光にさらされてしまうのです。

選挙につきものの街頭調査。記者の呼びかけに応じてくれる人と断る人の割合は、一〇年ほど前までは半々程度だったという。それが厳しい状況になっていると未和さんの同僚は話す。

「街頭調査って疲れるんですよ。ほぼ断られますから。サンプルが三〇とか五〇くらいないと信頼できる数字にならないし、三〇人取材しようと思ったら丸一日かかっちゃう。それを一つの選挙で二〜三回ですから」

これが私の企画です

「佐戸さんらしいリポートだったね」

東京に異動してから手掛けた仕事で、上司や仲間からそう言ってもらえた企画がいくつかあります。その一つが、二〇一一年七月一四日に「首都圏ネットワーク」で放送された「〝教育格差〟を解決するために」です。

ある日私は、生活保護に関する資料に目を通していました。すると、平成二二年度の高校進学率が全体では九八％なのに、生活保護世帯は八七％と書いてあったのです。調べてみたら、高校受験のための学習塾に通わせられないことが原因の一つだとわかりました。その対策のため、手を差しのべた団体があると教えられ、訪ねてみることにしました。

住宅街にある民家の一階に「教室」はありました。八畳ほどの部屋に会議机とパイプ椅子が配置され、生徒と講師六人がマンツーマンで勉強をしていました。エアコンを設置する予算がないのでしょう。廊下に置いてあったフル回転の扇風機が印象に残っています。

塾を始めたのは児童養護施設の子どもを支援してきた男性です。経済的な事情で学力に差が生じてしまう現状に胸を痛め、無料塾を発案しました。設立から三カ月あまりで生徒は定員いっぱいの二四人に。そのうちの一人、中学一年生の女子生徒のことが気になり、取材の相談をしてみました。

彼女は母親と小学二年生の弟との三人暮らし。東南アジア出身の母親は体調を崩して働くことができないでいました。娘の友人たちが通う一般の塾は毎月数万円かかります。あきらめかけていたとき、無料塾のチラシに出会ったと言います。母親は片言の日本語を使って私に話してくれました。

「娘にはゆっくりでもいいから勉強してほしい。将来の夢に向かっていいことがあるように」

他にも、こんな企画を提案してきました。

二〇一二年九月二四日に放送した「〝仲間がいれば〟心の回復アピール」。五分四〇秒のＶＴＲは、アルコール依存症やうつ病など心に病を抱える人たちのパレードで始まります。私は、中学時代に受けたいじめによるトラウマを克服しようと立ち上がった女性をクローズアップしました。「仲間、友だち、出会いをあきらめないでほしい。必ず、その人にぴったりの出会いがあるから」と話す彼女。雨の中、夫とともにデモ行進をする女性の表情は輝いていました。

二〇一二年一一月一九日に放送した、「ダウン症　いま家族の思いは」という企画もありました。胎児の染色体異常の診断が可能になり、新しい出生前検査の導入を検討する日本。ダウン症の子どもを持つ親は、自分たちが生きづらい社会になるのではないかと不安を感じています。「子どもに対して、真摯に向き合ってきたことは間違いではなかった」と語るお母さん。ダンスに打ち込むダウン症の息子さん。二人の笑顔に希望を感じたロケでした。

社会的弱者に寄り添う取材を続けていた未和さん。人々の声を選挙報道に取り入れることはできたのか。佐戸記者の先輩はこう話している。

「市民の期待にどう応えるか、候補者一人ひとりに問いかけるような取材をしたいと思う時期はありました。しかし、どうしてもできないんです。残念ながらこの会社（ＮＨＫ）では。選挙前のリポートになると内容の精査が厳密になるんですよ。ひとえにバランス重視ということです。候補者が演説する秒数を全部そろえるとか、各候補の選挙カーのサイズにばらつきが出ないように撮影するとか。

そんな状況だから、『市民は、有権者はこう考えています』などと声高に伝えるのは大きなリスクだと判断されてしまうのです。バランスが崩れるからということで、なかなか提案できない雰囲気があるのです」

「今回の選挙、投票に行きますか?」

私はときどき場所を変えながら夕方までねばりました。あすの日曜日は、朝から共産党の候補者を追っかけるし、月曜日は「高見盛が期日前投票」の出稿と、都議選の最終票読み会議でエンドレス。火曜日には取材した候補のインタビューを書き起こし、想定原稿を取りまとめ役の記者に送らないといけない。いったい、いつ寝ればいいのだろう。

やっと決まった候補者

有権者数一〇七七万七三三三人の参院選東京選挙区。定員は全国で唯一、最大の五人です。その議席をめぐり、どの党も有力候補をそろえ選挙戦を始めていました。自民党は元テレビ朝日キャスターの丸川珠代さんと、元日本医師会会長、武見太郎氏の三男で自民党厚労族の重鎮、武見敬三さん。公明党は代表を務めて四年の山口那津男さん。民主党は元通産官僚で党公認の候補、鈴木寛さんと党本部の公認を得られず、菅元首相などの支持をえて出馬した大河原雅子さん。日本維新の会は、元日本テレビアナウンサーの小倉淳さん。

私が取材を担当することになったのは、その他の候補です。共産党の吉良佳子さんは元議員秘書。三一歳の新人候補です。無所属の新人、山本太郎さんは元俳優。「トップランナー」というNHKの番組で司会を務めたこともありました。そして、もう一人。まだ決まっていないのがみんなの党の候補者です。

みんなの党の代表は、「ミッチー」の愛称で親しまれ、数々の大臣職を歴任した渡辺美智雄氏の長男、渡辺喜美さん。ワンマンぶりが災いしてか、参院選の候補者選びも難航していました。渡辺さんのお目当ては、元通産官僚の古賀茂明さんだとか。今年三月、古賀さんはみんなの党埼玉県支部設立大会のパネリストとして招かれ、渡辺代表と席を並べていました。著名な経済評論家の女性もうわさに上りました。

今月に入って、林記者からこんなメールも舞い込みました。

〈お疲れさま。みんなの党がどうやら決まったらしいよ。ただ、誰だかわからんので、もし明日聞けるようならよろしく頼みます〉

さっそく確認したけれど、これはガセネタでした。

きょうの江田幹事長の会見でも質問が出されました。

記者「参院選の投票日までおよそ一カ月となりましたが、まだ東京と大阪で候補者が決まっていませんが、見通しを教えてください」

江田「いま、最後の最後のつめをやっておりまして、乞うご期待ということです。不戦敗はございません」

答え終わると、江田さんはにやっと笑っていました。

この数カ月、みんなの党の関係者と日夜メールや電話でやりとりすることになりました。ときに国会内で、ときに居酒屋で、愚痴をこぼしつつ最新情報を交換することもありました。情報の交換はギブアンドテイク。足を棒にしてかき集めた街頭調査の結果を提供することもありました。そうやって築いた信頼関係が功を奏するときがやってきました。

六月一八日二二時五五分、川辺さん、林さんへのメール。

〈みんなの党、参院選に写真家の桐島ローランドを擁立します。江角マキコの元旦那です〉

関係者からは、「山本太郎とキャラがかぶるとの声があがり、党内調整に時間がかかった」と聞かされました。「どこがかぶってるの？」とツッコミを入れる余裕もなく、私は情報を聞き取り、ノートに書き込んでいきました。そして、取材メモとしてまとめ、六月一八日二三時四三分、都庁クラブのメンバー全員に送信です。

二三時四四分、林さんから、すぐに返信が届きました。

〈おお、すごいね。ようやく決まってすっきりしたわ。何はともあれ、一つ懸案が解決してよかった。お疲れ様〉

五分後には、川辺さんからも。

〈詳細メモ、受け取りました。よかったね、お疲れさん〉

その後、私は深夜の一時まで選挙リポートの編集に立ち会いました。翌朝一〇時四七分、ＶＴＲの試写をしていた最中に都庁キャップの東條さんから業務メールが入りました。

〈桐島ローランド氏はきょう午後一時に党本部で会見を開きます。予定入力・連絡済みです〉

党本部は永田町の近くだ。急いで都庁に寄って、飛んでいかないと間に合わない。

一〇時五九分、東條キャップへメール。

〈了解しました。試写終わりましたので、今から都庁にいきます〉

都庁クラブのブースではいつもの席に東條さんが座っていた。会見には政治部の記者も行くとのこと。私は会見メモを作り、報道端末に入力する任務を仰せつかりました。

みんなの党の事務所に駆け込むと、渡辺代表は縦縞のスーツに茶色のネクタイ。ローランドさんは……あの人だ。ファッションモデルの経験があるだけあって長身でイケメン。ライトグレーのスーツに、ノーネクタイで代表の横に立っている。

まずは渡辺代表の話。その後に選挙活動の方針について質問があり、つづいて桐島候補が話をする。会見が終わり、パソコンを打てる場所を見つけて清書して、Wi-Fiにつなげて。一四時二三分、都庁クラブのみんなにメールで送信。

〈党本部での会見メモを(報道端末に)いれました。一言でいうと、残念なイケメン、という感じです〉

都議選まであと三日。首都圏選挙班からは、次のような指示が一斉発信されています。

〈新たに取材票が入るようになったとか、サンプルが取れるようになったという「特ダネ」情報があれば、ぜひ報告してください。

当確打ち出し方針は「当確予定時刻」を提出していただきましたが、報告の際は時刻ではなく次の四種類に分けて教えてください。
①大量サンプル序盤(切り取る)前に判定(A+)②大量サンプル切り取りで判定(A)
③大量サンプル参考に中間取材票で判定(B)④当選ラインで判定(C)〉
専門用語が出てきたので少し説明しておきます。

取材票とは、ＮＨＫの記者が独自の取材ルートを駆使して入手した票数です。大量サンプルとは、投票終了後、集票台に積み上げられた票の束をＮＨＫのスタッフが目視確認する票数です。これらの情報は開票速報本部に設置されるコンピューターに入力されていきます。そこには過去の選挙結果や当確判定の評価なども蓄積されています。過去と現在の情報をコンピューターが巧みに演算して未来を予測するのです。

二〇年ほど前までは記者デスクが担当記者に、「〇〇(候補)に出す」と書いた紙を見せて、当確を出す最終確認をしたとのこと。当確スーパー(文字情報)のスイッチを押す手は震えたことでしょう。それが今や、すべてコンピューター任せになりました。どの社も取材可能な大量サンプルを待つことなく、NHK独自の取材力でいかに早い当確を打てるか。記者一人ひとりの確度の高い取材が一層重要になっているのです。

きょう私は、高田馬場と渋谷のハチ公前で街頭演説に立ち寄ってきました。「投票に行きますか?」、「投票先は決めていますか?」、「支持政党はありますか?」。一人でも多くの有権者と話すため、ノートとペンを持って声をかけていました。

朝の一〇時から働きはじめて、このあと局で都議選の形勢展望訓練も待っています。今夜は泊まり勤務で明日も二二時ころまで予定が入っています。食事の時間を除いたとしても三四時間以上の連続勤務か。

〈これから泊まり……の前に選挙訓練。眠い……やたら眠い……帰りたい〉(六月一九日一八時四五分、婚約者へのメール)

東京都議選、投票日

六月二三日(日)午後八時四五分。NHKの総合テレビで「二〇一三東京都議会議員選挙　開票速報」が始まりました。メインキャスターは武田真一アナウンサー。スタジオには東京都庁がＣＧで大写しになっています。

三四時間に及ぶ長い勤務を終えた翌日も、朝九時から深夜一時まで働きました。都議選最終日のきのうは、朝一〇時から夜の一〇時前まで政党関係者と情報交換をしたり、候補者の最後の演説を取材したり……。

投開票日のきょうはニュースセンターを改装した特設スタジオの片隅で、パソコンとにらめっこです。まわりには都庁クラブの仲間もいます。

民放の在京キー局はどこも特番を組んでいません。ＮＨＫから遅れること一五分、東京ローカルのＭＸテレビだけが、「首都決戦二〇一三　池上彰の都議選開票速報」と題して、三時間半の番組を始める予定です。

ＮＨＫは「サンデースポーツ」をはさんで四時間以上の生放送。それを支える取材・制作体制はこの充実ぶりです。

全体調整一人／首都圏選挙班　編責・デスク六人　記者六人　プロデューサー一人
ディレクター一人／テレビ出演　デスク二人　記者二人
ラジオ出演　デスク一人　記者二人／形勢展望　デスク一人　記者五人
当確判定　連絡・調整一人／選挙区担当　デスク九人　記者一五人
開票所取材　記者四八人(総勢一二六人)／サンプル集計センター　記者一五人
取材票受け　デスク一人　記者一六人／取材票チェック　デスク二人　記者六人
ＮＨＫ票送り　職員五三人／ＮＨＫ票チェック　デスク三人　記者七人

出口調査　デスク一人　記者四人／期日前出口調査　記者三人
出稿班　デスク三人　記者四人／万歳・音切りデスク四人
選挙戦ドキュメント　デスク四人　記者四人　ディレクター三人
当選の声・事務所取材　記者一五人／デイリー対応　デスク三人　記者一三人

このうち名前があがった記者だけでも二〇〇人弱になります。その内訳は報道局社会部八六人、科学文化部二四人、経済部八人、国際部八人、スポーツ二人、生活・食料一三人、首都圏放送センター四三人、解説委員室五人、人事部四人、広報部一人ほか。政治部記者は全員参加の別メニュー。まさに参院選を見すえた多彩な構成になっています。もちろん、報道局の幹部や担当理事もしかるべきところにいることでしょう。

「各党が獲得する見込みの議席はこちらです」

放送が始まって一分あまり、キャスターの掛け声に合わせアタック音が響き、政党名を書いた一一個のプレートが現れました。

「自民党が五四議席から五九議席。民主党が一四議席から二五議席などとなっています。自民党が順調に議席をのばして都議会第一党の座を奪い返し、公明党とあわせて過半数の六四議席を確保する情勢です。一方、民主党は選挙前の議席の半分程度まで落ち込む見通しで、公明党を上回って第二党を確保できるかどうか、微妙な情勢です」

投票日のきょう、NHKは五一八カ所の投票所で出口調査を行い、約三万三〇〇〇人から回答を得ました。その情報が逐次追加されていった結果、議席予測が示されます。

「共産党は一二議席から一七議席で、選挙前の議席を上回り、目標としていた議案提出権がある一一議席の確保は確実な情勢です。みんなの党は初めて都議会議員選挙に臨み、二〇人を擁立した結果、五議席から一一議席と、選挙前の一議席から大幅に増える見通しです」

共産党とみんなの党は、どちらも議席を増やすようです。私が党の関係者から聞き取っていた票読みの傾向通りです。それにしても、みんなの党が最大予想一一議席って少し多すぎないかしら。

早くも当選確実が出ました。台東区の自民党、現職の候補です。八時五〇分、投票箱が閉まってから一時間足らずのことでした。

「では続いて、有権者が七一万人と最も多い世田谷区の状況を見ていきます。世田谷区定員は八、一四人が立候補しています。激戦です」

午後九時九分、世田谷選挙区で立候補している主要候補の選挙事務所から中継が始まりました。六カ所連続のリレー中継は、まさに参院選特番の前哨戦。

九時二一分には七党の幹部と中継。スポーツニュースをはさんで、今度は自民党の石破幹事長と民主党の細野幹事長の二元中継です。

「参院選でのねじれ解消に向けて弾みがつく」と石破氏。

「この結果を非常に厳しいものと受け止めています」と細野氏。

一〇時七分、みんなの党を一緒に取材していた記者からメールが届きました。

〈みんなの党、出口調査で強めに出過ぎました。ひやひや〉

やっぱり、そうだったか。

そして、一一時五分。

〈ここで新しい情報です。民主党は選挙前の議席を大きく減らして、自民党に第一党の座を奪われ、さらに公明党の議席も下回り、都議会第二党を確保できないことが確実な情勢です。そして自民党は五九人、公明は二三人、立候補した全員が議席を確保しました〉

一一時二九分、安倍首相のインタビューが流れました。

「この半年間の政権運営について一定の評価をいただいたのではないかと思います。これから実績を残していく中において、参議院選挙の勝利を目指していきたい」

一一時四一分、最後の二議席が共産党に入りすべての議席が決まりました。最終結果は民主一五、自民五九、公明二三、共産一七、維新二、ネット三、みんな七、生活〇、社民〇、みどり〇、無・他一でした。

日を越えた〇時五〇分、都議選特番は終わりました。

「お疲れ様でした」

誰かの声がフロアに響きます。

総力戦の甲斐あって、今回初めて島部を除く四一選挙区すべてで出口調査と期日前出口調査を実施。その結果、我が社は一二七議席すべてで当確ミスなく、他社に先んじた報道ができたそうです。記者解説をしていた都庁クラブの沢村さんが戻ってきました。管理職はそろって安堵の表情をうかべています。

私はというと……のどに少し痛みを感じます。スタジオは人よりも機材優先。冷房が強めで乾燥しているからダメージを受けたのかも。

とりあえず、放ったらかしにしていた彼にメールを打とう。

〈スタジオ寒くて死にそう〉（〇時四五分）

〈終わった〜〉（一時一分）

1　はい．都庁クラブ，佐戸です

2 佐戸記者誕生物語

赤坂、TBS

ＮＨＫに遅れること二年二カ月、一九五五年四月に開局した民間放送局、ＴＢＳ。一九六三年から一九年間にわたりゴールデンタイムの年間視聴率一位を記録するなど、民放の雄として君臨してきた。「8時だョ！　全員集合」、「ザ・ベストテン」などの娯楽番組がヒットするなか、「報道のＴＢＳ」としての知名度も維持してきた。

「残っていましたよ、みわっちの資料。ほら」

そう言って、荷物を抱えやってきたのは元ＴＢＳキャスターの下村健一さん（五八）だ。いまから一八年前、報道番組「筑紫哲也 NEWS23」を担当していたころ、大学二年生の佐戸未和さんに出会った。

二〇〇〇年一二月、ＢＳ放送が日本でスタートしたとき、ＴＢＳはラジオチャンネルの一つを「ＢＳアカデミア」と名付けて大学生に全部開放し、「好きなようにやっていい」と呼びかけたんですね。そうしたら、いきなり大学生が五〇〇人くらい希望してきました。そこで、半年ごとに

NHK 鹿児島放送局へ赴任した直後の佐戸未和さんと
「BS アカデミア」で先生役を務めた下村健一さん(右)
未和さんの部屋にて佐戸恵美子さん撮影

メンバーを新規募集して入れ替えることにして。みわっち(佐戸未和さん)は三期生だったかな。

私はそのなかにある、「ニュースアカデミア」というコーナーで学生たちの面倒をみていました。みわっちもその一人でした。ショートカットだったから見た目はボーイッシュで、「この子、元気にやりそうだな」と思いましたね。なかには派手にお化粧をしている子もいたけれど、みわっちはすごく素朴な感じでしたから。

当時未和さんは一橋大学の法学部に在籍していた。国際政治に興味を持ち、弁護士を目指すつもりでいたという。そんな未和さんが「BSアカデミア」に応募したのは、母の何気ないつぶやきがきっかけだった。

「ラジオを聞いていたらメンバーを募集してるって。未和、応募してみたら?」

選考を通り、週に一度スタッフルームに通うことになった未和さん。フロアはTBSの放送センター「ビッグハット」の九階にあった。

未和さんが担当した「ニュースアカデミア」は一五分から二〇分程度の生放送枠だった。二、三人の学生が組になって、企画を練り構成を考えた。実際にスタジオに入り、マイクを前に語りかけ時間通りに終わらせる。未和さんにとってすべてが初めての経験だった。

「ここに、みわっちが出演したときの放送データがあります」。下村さんはそう言って、タブレット端末の画面をクリックした。二〇歳の未和さんが語り始めた。

〈はい。まず一本目です。クローン人間誕生のニュースがありました。遺伝子や血のつながりってそんなに大切ですか。子どもを育てようと思うのなら里親になるという方法もあります。このニュースは一橋大学二年佐戸未和と、〇〇大学二年□□がお伝えします〉

二〇〇二年一一月、クローン人間の誕生が近いとイタリア人医師が発表したニュースは世界を驚かせた。未和さんともう一人のメンバーは、里親制度について考えるシリーズの第二弾として、里子を育てている女子大生と電話でむすび、子を持つということの意味について問題提起を試みた。

スピーカーから聞こえてくる未和さんの声を聞いて、下村さんが話す。

元気でしょ。完全な原稿を作らずにアドリブでトークする番組でしたから、棒読みにならずテンポのいいキャッチボールができるんです。私は原稿に手は入れません。学生たちが進行表を作るのを見守りながら、「この順番でうまく伝わるかな」とか、「リスナーの気持ちで考えてね」とアドバイスして、あとは自分で考えろと。そして、生放送が終わってからいろいろ指摘をするんです。「こっちの方がもっと伝わったんじゃない」と言うと、みわっちは、「本当だー。もう絶対来週リベンジだ」と悔しがって。熱かったですよ。

「BSアカデミア」はラジオ局だったが、未和さんら有志の学生はやがて動画リポートの制作にも活動範囲を拡げた。まだユーチューブも無い時代に、作品を自分たちのホームページに発表していった。「これが彼女の一番の力作です」と言って、下村さんが見せてくれた映像がある。タイトルは、「OKINAWA　〜ヘリ墜落　学生達の本音〜」。取材、撮影、編集、ナレーション、すべてを未和さんが中心になって作った七分二七秒のビデオ作品だ。

未和さんはカメラを回しながら、同世代の若者に質問を重ねていく。基地反対運動に冷めた感じの女子大生。軍用地料で学費がまかなえていると話す男子学生。アメリカ兵と交際している女子大生。彼らの本音を通して基地問題の裏側に迫ろうとした。

この作品を仕上げるため、未和さんは手書きの資料を二つ作っていた。一つは、「一般学生インタ」という表題のインタビュー起こし。ビデオ素材の何分何秒のところで、誰が何を話しているか、丁寧に書き起こしている。

もう一つは、ポストイットで作った一覧表だ。通称「ペタペタ」。八〇年代、NHKの編集者がアメリカのテレビマン相手にレクチャーしたという業界秘伝の技だ。未和さんは早くもそんなツールにたどり着き、プロの流儀に触れていった。

大学三年生になって迷うことなくメディアへの就職を志した未和さん。願書を出したのはNHKのほかにフジテレビ、朝日新聞、毎日新聞だった。大学四年の春、未和さんの携帯電話が鳴った。そのとき、母の恵美子さん(六九)もそばにいた。

未和さんの母
佐戸恵美子さん

未和と二人、自宅にいたときにＮＨＫから電話がありました。相手の言葉は、「おめでとうございます」でした。二人して、思わず手を取り合って喜びました。「よかったね！　希望のところに入れたね！」って。あの頃は就職氷河期だったので、大変な狭き門でした。フジテレビと朝日新聞は最後の最後で落ちてしまって。ゴールデンウイークになって合格の連絡を受けたのが第一志望のＮＨＫでした。あの日のことは、いまもはっきりと覚えています。

その日、父の守さん（六八）は海外赴任中だった。地球の裏側、南米の地で電話を受けた。

その頃、私はブラジルにいました。だから、未和の就職に関しては何もしていません。未和は人当たりが柔らかであまり物怖じもせず、話すのも文章を書くのも好きだし、適職だなと思いました。ただ、合格したあとで、「記者職って何するの？」と聞いたことを覚えています。最初はサツ回りでしょうから、事件記者って大変だろうな、と思っていました。

二〇〇五年、NHK入局

四月一日金曜日、平成一七（二〇〇五）年NHK入局式が行われた。祝辞を述べたのは、第一八代NHK会長の橋本元一氏。相次ぐ不祥事を受け退任した海老沢勝二氏からバトンタッチしたばかりで、技術畑出身としては初の会長だった。橋本氏は三〇五人の新人を前に、放送の自主自律を確保するための受信料制度、それを支える視聴者の信頼と支持の大切さについて語った。

「これが私で、ほら、こんな感じで写っているのが未和ちゃんです。本当に彼女らしいポーズだな」

入局式の翌週にはじまった新人研修。そのときの写真を見ながら話してくれたのは、未和さんの同期記者Dさんだ。場所は東京の世田谷区にあるNHK放送研修センターの中庭。建て替えられて間もない一四階建てのビルの前で、満開になった桜の木が日を受けて輝いている。その木の下に並んでいるのは、女性ばかり九人の新人記者だ。よく見ると、何人かがくすっと笑っている。シャッターを切る直前、未和さんがパンツスーツのまま芝生に横たわりおどけてみせたからだ。

「未和ちゃんと知り合ったタイミングがいつだったのかよく覚えていないです。でも、いつの間にか友だちになっていたみたいな感じですね。平成一七年組の記者は五五人いるんですけど、そのうち女性は一一人でした。その中でも、未和ちゃんは明るくて壁がない感じでフランクに話せる女性でした」

NHK記者のOBとして未和さんの新人時代から接してきたEさんは、思い出の写真を前にこう話す。

「これが僕で未和ちゃんはここ。みんな、ちょっと赤い顔をしてますでしょ。パーティーが終わったときの写真じゃないかな。節目節目の飲み会の席でも、『あなたここ、あなたここ。先輩はそこ』

と、未和ちゃんはパパパっと席を決めてくれるんですよ。そういうことが自然にできる子でしたね。みんなのまとめ役みたいな感じで、周りの女性記者の悩みを聞いたり、場を和ませたりしてくれていました」

ひと月にわたって行われる新人記者の研修。五五人の新人はAとB、二つのクラスに分けられていた。原稿執筆の研修では、クラスごとに交通事故や火事などがテーマとして出題された。記事の材料として配られたのは警察の広報発表文。不足している情報について、研修センターの職員が扮する警察官に質問できることになっていた。

特別研修として、オウム真理教が起こした重大事件の被害者遺族や、新進気鋭のルポライターによる講演もあった。カメラに向かって記者リポートを読み上げる研修、実際にカメラを持って撮影をする研修など、カリキュラムに沿って研修は進んでいった。そのなかに、未和さんが八年後、最後に担当することになった選挙取材についての研修もあった。

四月下旬、赴任地発表の日がやってきた。未和さんが告げられたのは九州の最南端、鹿児島だった。「研修期間中に好き勝手やってたから、私たち〝島〟流しになっちゃたねー」。未和さんは仲間の元に歩み寄り、赴任地が徳島になった女性記者とそんな冗談を言って励ましあった。そして、研修センターでの別れを前に寄せ書きをしたノートには、こんな書き込みをした。

〈佐戸未和　鹿児島放送局!!

この一カ月間、みんなと一緒ですごく幸せで楽しかった!!

全国でみんなが頑張っている姿を想像しながら、さつまあげをつまみに焼酎をのみます。

鹿児島と言えば、ザビエル、西郷どん、桜島、焼酎、さつまあげ、黒豚、ロケットのイメージばか

りですが、また研修で会ったときに、赴任地自慢をできるようにしっかり勉強してきます！　また会う日まで、みんな元気で‼〉

鹿児島で始まった記者人生

研修を終えた新人記者は、それぞれの赴任地を管轄する拠点局に立ち寄って諸先輩に挨拶をする。未和さんたち九州組が訪れたのは福岡放送局だった。旅立ちの日、局舎の裏玄関で撮影した集合写真に写るのは男性七人女性三人。未和さんは中央で満面の笑みをうかべている。

熊本に配属される女性記者と二人になった未和さんは、長く暮らした東京とは全く違う、牧歌的な風景にしばし見入っていた。そして、熊本が近づいてきたころ同僚にこう話しかけた。

「遠くに来たって感じだよね。赴任地はどこでもいいって言ってたけど、まさかこんなに遠い鹿児島になるとは思わなかったよー。でも黒豚がすごく美味しいっていうし、良かった」

親元を離れての一人暮らし。最前線を担う報道記者としての仕事。かすかな不安と大きな期待が行きつ戻りつ、未和さんは熊本駅で別れる仲間に手を振りエールを送った。

錦江湾の近くにあるＮＨＫ鹿児島放送局。未和さんが着任した日、桜島から噴煙は昇っていただろうか。記者、アナウンサー、ディレクター、技術。制作フロアでそれぞれのグループに挨拶を済ませ、自席に腰を落ち着けると先輩の記者が声をかけた。

「佐戸。お前のことは伝えてあるから、早めに挨拶してきて」

激動の幕末を伝える史跡を訪ねたり、お目当ての郷土料理を食べ歩くこともなく、佐戸記者が向かった先は警察署だった。

赴任したばかりの未和さんのことを覚えている人がいる。鹿児島県警の捜査主任だった野元正文さん(六四)だ。南警察署の一階には、事件担当の署員が緊急の事態に対応するため泊まり込む部屋がある。午後八時ごろ、野元さんは当直室のカウンター越しに見える人影に目を止めた。

ある日、プラカードを首から下げた女性がやってきました。そこには大きな文字で、「NHK記者　佐戸未和」と書いてありました。そのとき私は、「ああ、NHKもこういうことをするんだ」と思いましたね。そのあとも一週間くらい、ずっとぶら下げていたんじゃないかな。早く私のことを覚えてほしいと、彼女なりに工夫したんでしょうね。

毎晩のように警察の夜回りに向かった未和さん。いつも大きなカバンに収まりきらないほどの資料を詰め込んでいたという。「少しは荷物を減らしたらどうだ」と気遣うデスクに、未和さんは「大丈夫ですよ」と笑顔で答えたという。そんな佐戸記者にベテラン刑事も一目置いた。

大きな事件が起きるたび、各社の記者が寄ってきて、「何か教えてくださいよ」とか、「これはどうなんですか」と私に聞くんです。でも、「教えられないよ」と言ってほとんど蹴るんですよ。未和さんに対しても最初は同じでしたが、彼女は一生懸命さがほかの記者と違ってですね。人の三倍、四倍の質問をしてきて、なかなか帰らなかった。だからそのうち、当直室から出て外で話をしたり、容疑者の身柄を取るときに教えてあげたりするようになりました。

未和さんが初めて手がけたリポートは二〇〇五年九月二七日に放送された「多発する交通死亡事故」だった。放送前日にロケされた鹿屋市の事故現場や放送日に撮影された曽於・肝属地区での会議も盛り込まれていて、ぎりぎりまで取材を続けた未和さんのこだわりが感じられる。

「NHKらしくない作品」として話題になったものもある。入局の翌年二月に放送されたルポ、「タトゥーを入れる若者たち」だ。平成一七年組の二年目研修でも取り上げられ、「未和さんらしい、優しく鋭い視点が宿っている気がした」(同期記者)と、大きな反響を呼んだ。

愉快な仲間に囲まれて

「〝島〟流し」の地、鹿児島で未和さんはどんな日常を送っていたのか。未和さんが亡くなった一年後、鹿児島局の後輩が中心になって作った追悼文集『In Memory of MIWA SADO』(NHK有志制作非売品)に、当時の彼女を回想する文章と写真が寄せられている。

〈愛車のレガシーB4を乗りまわし〉

〈霧島の温泉に行ったり、同期との誕生会をしたり〉

〈どんなに忙しくても、服も髪型もキレイにしていて〉

〈特に恋愛に関する話が多かった(てか、ほぼそれ 笑)〉

〈デスクのつっこみにもさらっと受け流し、核心をついたユーモアのある言葉を返す。そのあとは、さっさと肉を食べに行く〉

〈とにかく、よく笑う佐戸さん〉

焼肉店でトングを使って新鮮な肉をつかむ未和さんはご満悦。緑いっぱいの草原で、職場のソファーで、休日のドライブで、写真の中の未和さんはオンオフを問わず底抜けに明るい。

元鹿児島局の記者デスクはこう書いた。

〈梅雨真っただ中の六月。九州新幹線の線路脇の斜面が崩れて、佐戸さんが傘もささずにヘルメット姿でずぶ濡れになりながら中継リポートをしていた。二つ返事で外へ飛び出していく行動力はいつも頼りにしていた〉

崩落現場の前でマイクを握る未和さんは珍しくメガネ姿だ。就寝中の一報に、コンタクトレンズをつける時間も惜しんで現場へ向かったのかもしれない。

先輩記者はこうも証言する。

〈飲み会では最初の一杯から焼酎。夜、風呂に入らずに、朝、会社で入ることもたびたび。どんなに過酷な災害現場やきたないホテルでも熟睡できる精神力、体力〉

ビールが苦手で、学生時代はサワーを一杯たしなむ程度だったという未和さん。薩摩の地になじむうち芋焼酎をこよなく愛するようになった。

父の守さんも、愉快な仲間に囲まれて、生き生きと働く娘の姿を目にする機会があった。


未和が入社して次の年だったかな。私がたまたま一時帰国したときに、家内と一緒に鹿児島へ行ったことがあります。そうしたら、未和はＮＨＫの鹿児島放送局を案内してくれて。そのときは、自分の娘がようやく社会人になって頑張っているなと実感しました。

まだまだひよっこで大変みたいでしたけれども、仕事を楽しんでやっているというのが見えました。ＮＨＫに入って、記者になって、本当によかったなと思いましたね。

志布志事件で知った社会の裏側

大隅半島の北西部、宮崎県との境にある志布志市四浦《ようら》地区の懐《ふところ》集落。入局二年目、末和さんは水清き山村を舞台に仕組まれたある事件を取材した。事件が起きたとされるのは、佐戸記者が入局する前の二〇〇三年。県議会議員選挙で当選した新顔の県議が住民らと買収のための会合を開いていたとして、鹿児島県警は公職選挙法違反容疑で一三人を起訴した。しかし四年後、公判中に死亡した一人を除く一二人全員が無罪となった。のちに志布志事件と呼ばれることになる前代未聞の捏造事件だった。

この事件においてはメディアのあり方が鋭く問われた。徹底した調査報道によって警察の違法捜査を明らかにした民放の番組や新聞社がある一方、警察の発表を鵜呑みにしたり、捜査当局と歩調を合わせるかのようなメディアもあったからだ。末和さんはいつ頃、どんな取材をしたのだろうか。二〇一八年一一月、志布志市を訪ねて聞いてみた。

「あの日は雨が降っていました。妻が、『車で案内してあげたら』と言ったので、私は佐戸さんを助手席に乗せて集落に向かったんですよ」

運転席でそう話すのは、志布志市でホテルを経営する川畑幸夫さん（七三）だ。川畑さんは二〇〇三年四月一三日に行われた県議選の翌朝、任意同行を求める県警察官によって連行されていった。留置日数は二一日。その間、ありもしない買収工作についての「自白」を強要された。そこで、孫や親の手紙を模した紙を無理やり足で踏ませる「踏み字事件」も起きた。キリシタン弾圧のときに用いられた踏み絵のような拷問だった。

「私は佐戸さんに、『これ（選挙違反事件）は、ないことですよ』と。冤罪だと一生懸命に説明して、最後に、『とにかく助けてください』と言いました。佐戸さんは驚きながら、ずっと私の話を聞いていました」

佐戸記者が取材に訪れた志布志市四浦地区懐集落の民家
左から藤元いち子さん　藤元安義さん　藤山忠さん

　入局一年目の冬の日、雨に濡れた枝が砂利道に覆いかぶさり、まるで夜のような暗さだった。川畑さんのホテルを出てから約四〇分、佐戸記者は懐集落に入った。「事件」発生時の人口は七世帯あわせて二〇人。すべての世帯の人が逮捕・起訴を経験していた。

「ぜひ、住民の方からお話を聞きたくて」と伝えた佐戸記者。川畑さんは買収の容疑で逮捕された藤元いち子さん（六五）が暮らす民家へと案内した。警察が描いたシナリオでは、ここで四回にわたって選挙買収のための会合が開かれ、二〇〇万円ほどの現金が配られたことになっていた。

「彼女（佐戸記者）は確かにここに来ています。僕は何回か会っていますので顔も覚えていますよ。何名かのNHK記者が訪ねてきたけれども、やっぱりこの人がメインだったから」

　未和さんの写真を手にして話すのは、懐集落で暮らす藤山忠《すなお》さん（七一）だ。一八五日の勾留中、「（現金の受けとりを）認めないと地獄に行く」、「お前を死刑にしてやる」と激しい言葉で尋問をうけたと佐戸記者に語った。

取材を続けて半年ほどが過ぎた九月二九日、佐戸記者は事件についてリポートした。タイトルは、「志布志事件　元県議らに判決」。未和さんは黒のスーツに白のシャツ。鹿児島地裁の正面でマイクを持った。

〈検察側が求刑を述べると満員の傍聴席からは小さなため息がもれました。法廷で検察側は、「六人の（被告の）供述は自発的に行われたもので信用できる」と強調しました。しかし弁護側は、「供述は警察に強要されたもので、内容もデタラメだ」として、次の裁判で徹底的に反論する方針です。警察に当時、違法な捜査があったのではないかと指摘されているこの事件。検察側と弁護側が真っ向から対立したこの裁判は、次回ようやく結審を迎えます〉

朝日新聞の報道で違法捜査の実態が明るみになってから事件の担当になった佐戸記者。独自の取材を深めることは容易ではなく、県内向けの番組で法廷の動きを伝えるのがやっとだった。

当初、ＮＨＫの報道はどうだったのか。「ＮＨＫのせいで、みんながだまされた」と語るのは、事件の主犯とされた元県議の中山信一さん（七三）だ。二〇〇三年六月四日、中山さんと妻のシゲ子さんは自宅にやってきた刑事によって逮捕された。玄関から外に出ると、ガサ入れの情報を聞きつけてきたメディアが一斉にカメラを向けてきた。そのとき刑事は上着を中山さんの頭にかぶせてきたという。

「私は二度ほどふり払ったんですよ。でも、すぐに刑事がかぶせ直して。その場面を撮影して、いかにも犯人のように報道されてしまった」

「公職選挙法違反で中山信一県議逮捕」

このニュースはその日と翌日の夕方、ＮＨＫ総合テレビで放送されたという。ＶＴＲには上着をかぶったまま車へ乗り込む中山さんをはじめ、県議会議長、自民党県議団長、地元住民へのインタビューも盛り込まれていたそうだ。報道を見ていた中山さんの姉の夫は、「やっちょったもんだ（選挙違反をやってたんだ）」とつぶやいたという。

その頃、県警の取材を担当していたＮＨＫの記者はこう話している。

「私も警察の発表を鵜呑みにしていました。どの社も最初はそういう雰囲気だったと思います。警察を取材している記者の悪いところで、取材相手（警察）が言ったままに、『そうか』と思っちゃうところがありました」

二〇〇七年二月二三日、「事件」から四年がすぎた判決の日。鹿児島地裁の前には一〇〇名ほどの報道陣がひしめきあっていた。ＮＨＫはその日にあわせて九州管内の記者を鹿児島に集めた。佐戸記者は県警キャップとして現場を取り仕切った。

午前一〇時六分、佐戸記者は「一二人全員無罪」の原稿を出稿した。ＮＨＫのクルーが用意したテレビモニターには放送中の国会中継が映っていた。その画面上部に、佐戸記者が発信した速報が文字になって流れた。

その夜のＮＨＫ「ニュースウオッチ９」。九分三七秒のＶＴＲは途中から未和さんのリポートになった。見出しは、「無罪の決め手は元県議のアリバイ」。画面の下に、「報告　佐戸未和　ＮＨＫ鹿児島」のテロップが出た。

「現金はこの集落で配られたとされました。ところが中山元議員は二〇キロほど離れたホテルで、夜七時から同窓会に参加していたというのです」

買収工作が行われたとされる夜について、中山さんのアリバイを証言する同級生のインタビュー。

「けいじさんにいわれて、そういいました」などと、警察による誘導尋問を書き残した被疑者のメモ。川畑幸夫さん本人による「踏み字事件」の再現シーン。未和さんは被害者たちの憤りの声とともに、事件の核心部分について丁寧に伝えた。

のちに未和さんは同僚にこう語ったという。

「志布志事件の取材をして、警察に裏の姿があることを知ってショックだった」

拉致被害者家族と向き合った五カ月

衝撃的なラストシーンとともに、「取材　佐戸未和」の文字がエンドロールに流れた番組がある。二〇〇八年に全国放送された「ドキュメントにっぽんの現場　『ただいま』を待ち続けて　拉致から三〇年・市川家の秋」だ。

当初、東京の報道局社会部が提案を通した段階では、取材の許可は取れていなかった。局内で採択されていた提案票の中身は仮のものだった。なぜ、難航したのか。拉致被害者・市川修一さんの義理の姉、市川龍子《りゅうこ》さん(七三)が話してくれた。

「二〇〇二年に金正日が拉致を認めてから、すごい数のメディアが家に来るようになりました。一部のカメラマンが、歯を磨いているところまで撮るようになったので、この人がカーッとなったことがあったんですよ」

「この人」とは修一さんの兄、健一さん(七四)のことだ。「四六時中、密着を続けるのは勘弁してほしい」と、メディアに向かってたびたび嘆いていたという。そんな健一さんの心を開いたのが、NHKとして三代目の市川家担当記者になった未和さんだった。取材が始まって一カ月、家族一人ひとりと気持ちを通わせていった。

健一　それまでも女性の方を含め、多くの記者さんがいらっしゃいましたけど、どうしても壁ができてしまいがちでした。でも、やっぱり未和ちゃんの人柄なのかなあ。一生懸命取材をするんだ、修一が帰ってくるまで私は頑張るんだ、というのが感じられたから、自然とお話をするようになりました。

市川修一さんが家族の元から姿を消したのは一九七八年八月、当時二三歳だった。その頃交際をしていた増元るみ子さんとともに鹿児島県日置市の海岸で、北朝鮮の工作員によって連れ去られた。未和さんが取材を始めた頃、自宅で修一さんの帰りを待っていたのは父の平さん(当時九三)、母のトミさん(当時九一)、そして健一さん夫婦の四人だった。トミさんは持病のリュウマチで伏せりがち。「高齢になった親世代のことを考えると、このタイミングできちんとした番組を作らないといけない」。それが、NHK報道局の問題意識だった。

とはいえ、番組の核になりそうな動きはなかった。日朝交渉は滞っていたし、米国の対応にも期待はできない。ストーリーとして縦軸になりそうなものが見えてこない。

そんな状況にあって、未和さんたち鹿児島局の取材班は家族に会うため足を運び続けた。自宅があるのは桜島を西に臨む鹿屋市。桜島が東に見えるNHKから鹿児島湾を北にぐるっとまわって約五〇キロ。車を飛ばしても、優に一時間半はかかる。撮影のきっかけが見つからない日は、カメラを回すことなくトンボ帰りだ。

市川健一さん　市川龍子さん　佐戸未和さん
市川健一さん提供

ある頃から、未和さんたちは家族と一緒にカレーや素麺を作って食事をするようになった。居間にあったピアノを見つけた未和さんは、健一さんのリクエストに応えて「エリーゼのために」や「乙女の祈り」を弾いたりもした。にぎやかに見える市川家の日常に触れながら、伝えるべきテーマはなにか模索していた。

九月、市川家のテレビに緊急会見を行う高村外務大臣の映像が流れた。北朝鮮は福田首相が辞任したことを受けて、拉致被害者の再調査を先送りすると伝えてきたという。突然飛び込んできた知らせを目にして、健一さんは「はがゆい」と声をもらした。一〇月、米国が北朝鮮へのテロ支援国家の指定を解除したとのニュースには、「もういやだ。きょうはすごくショック」と言ってうなだれた。

そんな場面に出会うたび、「(カメラを)回してもいいんじゃないですか」と撮影クルーに合図をした未和さん。家族の心情を読みとく翻訳係として、デリケートな取材現場をリードしていった。

編集作業は東京の放送センター西館六階にある編集室で行われた。撮りためた素材は四〇分テープで五〇本以上。放送まで半月ほどになった頃、やや長めにつながったVTRを試写する日がやってきた。

「よく取材できている」

「この方向で詰めていけばいいのでは」

各部の管理職から色よい感想が出され、試写会は終わった。しかし、ひとり未和さんは何かを考え込んでいた。そして、管理職がいなくなった編集室で、「ペタペタ」と呼ばれる構成表を眺めながらこう話し始めたという。

「これは私たちが見てきた市川家じゃないよね。このままじゃやばい。なんとか変えなきゃ」

どういう意味？　と尋ねる同僚に、未和さんはこう説明した。

「市川さんの家って、みんな明るくて一見元気そうなんだけど、実はさびしいんですよね。うん、そう。本当は悲しい」

未和さんの提案を受け、膝を突き合わせ話し合うディレクターと編集マン。意を決し、全体の流れが決まりかけていたＶＴＲを作り直す作業に入った。

一一月上旬、格闘の五カ月を経て二九分の番組は完成した。あとは放送を待つばかり。と、そのとき未和さんの携帯電話が鳴った。トミさんが倒れ、入院したという知らせだった。病院は鹿屋市にある黎明脳神経外科医院だった。未和さんは鹿児島へ飛び、病院の近くのホテルに荷物を置くと、トミさんの病室から離れようとしなかった。

健一　私たちが、「もういいから仕事場に帰りなさい」と言っても、未和ちゃんはずっと付き添ってくれました。看護婦さんに、「お孫さんですか？」と聞かれたこともあったくらいです。

龍子　普通、そこまでできないですよ。記者と拉致被害者家族という関係でね。未和ちゃん、母が目を落とす時にも一緒にいてくれて。それくらい……最期まで。

一一月一五日午後二時二二分。トミさんは帰らぬ人となった。くしくもその日は番組の放送日だった。午後一〇時二五分、放送が始まった。そのとき、家族と未和さんは葬儀場に移されたトミさんのまわりに集まっていた。葬儀場にはテレビが置かれていた。そこに、ひとり台所に立ち健一さんの好物、卵焼きを作るトミさんが映った。家族は無言のまま手を握りしめ、テレビの中のトミさんを見つめた。

ラストカットに入っていたナレーションと音楽は消えていた。白い雲がぽっかりと浮かぶ青空。そよぐ風の音。そこに明朝体で写植された文章が現れた。

「市川トミさんは今月一〇日くも膜下出血で倒れ、きょう息を引き取りました。

心よりご冥福をお祈りします」

あれから一〇年。代替わりをした鹿児島放送局の取材班は再び市川家に足を運んでいる。「佐戸さんが残した番組を超えるような作品を作って、必ずや修一さんの帰還につなげたい」。そんな思いを胸に秘めて、きょうも取材を続けている。

3 光るものを持っていた少女

コロンビアで宿った命

「これは捨てられませんね」

そう言って、未和さんの母・恵美子さんが持って来てくれたのは母子手帳だった。長女の未和さんと次女、長男のものあわせて三冊。未和さんの手帳には、お腹の中で身をすくめるエコー写真がはさんであった。

恵美子さんはページをめくる手を止めて、手書きのメモを読み始めた。

〈たとえ五体満足でなくとも、この子と一生運命をともにしようとの固い決意が日々強くなっていった〉と書いてありますね。それが、まさかね……(涙)。

ここに出産時刻が書いてあります。昭和五七(一九八二)年六月二六日午前二時五〇分。分娩所要時間は八・五時間。体重三〇〇〇グラム。身長は四八センチ。

今でも覚えているけれど、この子が生まれたときには体を斧で叩き割られたような激しい痛みがありました。いまでこそ、生まれる前に男の子か女の子かわかりますけど、当時はわからなか

未和さんの父
佐戸　守さん

ったんですね。だから、きっと凄い力がある男の子だろうと思いました。

未和さんがお腹に宿ったとき、恵美子さんは南米大陸の最北端、コロンビアのマグダレーナ州サンタマルタという街にいた。北緯一一度三三分、西経七二度五四分。日本から直線距離にして一万四三五六キロメートル。まさに地球の裏側だ。なぜコロンビアだったのか。父の守さんが教えてくれた。

私は重機メーカーに勤めていまして、初任地は長崎でした。一九八〇年、コロンビア北部の地域で火力発電プラントを建設するということになり、私は現場の要員として派遣されました。ベネズエラとの国境付近、カリブ海に面したところです。その頃家内も同じ会社にいて、職場結婚しました。当初は単身赴任でしたが、その後、家内は退職し現地に来ました。

スペイン語が飛び交う異国での生活に慣れた頃、恵美子さんは体調の異変に気がついた。身寄りもなく、医療機関も貧弱な場所での妊娠。ここで出産するのは心許ないと、恵美子さん一人、故郷の長崎へ戻ることになった。

コロンビアから長崎って時差もあり、飛行機で二日かかるんです。つわりと飛行機酔いで苦しみながら帰国しました。母は、「鉄分をきちんと摂らないといけない」といって、ひじきやレバーを毎日食べさせてくれました。私も胎教のために良いといわれることは何でもしました。やっぱり、初めての子どもだったので思い入れが激しかったんですね。「たとえ五体満足でなくても、生まれてくる赤ちゃんは私の子だから、きっちり育ててみせる」と、母に断言したことを覚えています。

「たとえ五体満足でなくても」――恵美子さんがそう決意したのには訳があった。

うちは父も母も長崎原爆の被爆者なんですね。だから、私は出産にあたって不安がありました。当時、父と母が被爆者だということは絶対に言えなかったです。結婚に差し障るとか、人にうつるとか、そういうことを言われていたので。私にとって、最初の出産は大きな賭けでした。

終戦の年の八月九日、長崎市で暮らしていた恵美子さんの両親は米軍が投下した原子爆弾の閃光をあびた。父の松永昇さんは当時二六歳。市内にある造船所で設計士として働いていた。これまで体験したことのない衝撃を受けて、図面を保管するための部屋「図庫《ずこ》」に飛び込んだ。母のスミ子さんは当時二〇歳。嫁入り修行の最中で、廊下の拭き掃除に汗を流していたときのことだった。二人とも爆

佐戸恵美子さんと長男　未和さん(左)次女めぐみさん
長崎市の実家にて　遺族提供

心地から三キロメートルほど離れたところでの被爆だった。

そんな両親に見守られ、元気に生まれた初めての子ども。恵美子さんは、「未来へ平和を」との願いを込め未和(みわ)と名付けた。

長崎から東京へ

一九八八年、未和さんは五歳のときに父の転勤のため長崎を離れることになった。引っ越し先は、日本初の屋根付き球場が完成したばかりの街、東京だった。

翌年、未和さんは豊島区立仰高小学校に入学した。未和さんのクラスは一年二組。友だちの名前を覚えはじめた頃、長崎の祖父、松永昇さんが病に倒れた。父の守さんは海外出張で不在がち。東京に親戚も知人もいなかった母の恵美子さんは、子どもの世話をしながら昇さんの看病のため長崎に通った。

「忙しくなった母に甘えてはいられない」と、未和さんは家のことや妹弟の面倒をかって出るようになった。そして、周囲を冷静に見つめ、自らの内面を表現する力を獲得していったという。

恵美子　未和は私と一緒に買い物を手伝ってくれるようになりました。教えなくても字を書き、教わらなくても絵を描き……。親ばかと言われてしまうかもしれませんが、他の子にない光るものを持っているように感じました。

守　こんな作文が残っていましてね。未和が小学校一年生のときのものです。とても心の優しい子でしたね。

大すきなお母さん

さど　みわ

わたしのお母さんは、とってもたいへんです。なぜかというと、お母さんは朝みんなのためにおいしいごはんを作ります。それから妹と弟をようち園につれて行きます。わたしと、妹と弟が学校や、ようち園に行っている間は、せんたくや、夜ごはんのしたくをします。

でもお母さんは、「今はたらいてると、後でらくになるよ」といっています。お母さんはびょう気でもずっとはねられないから、とってもかわいそうだと思いました。

お母さんとわたしで、スーパーマーケットに行ったとき、お母さんが、「みわちゃん　にんじんと、ごぼうをもってきて」といいました。わたしは、「いいよ」といってにんじんと、ごぼうを、とってきてあげました。お母さんが、「ありがとう」といってくれた。

いつもは、いそがしいから、「ありがとう」なんていってくれなかった。だけど、お母さんとわたし二人だといつもよりすごくやさしいみたいです。

いつも二人でいたいと思ったけれど、妹や弟がいるからだめでした。わたし、ほんとは一人っこがよかった。

「これ、初めて見ました。何年生のときのだろう。本当に切ないですね」

そう言って三枚の原稿用紙を見返すのは、未和さんの妹、佐戸めぐみさん(三四)だ。二つ違いの姉は、物心がついた頃からいつもそばにいて、支えてくれる存在だったという。

8歳の未和さん　遺族提供

めぐみ　幼い頃、弟と私はいつも取っ組み合いのケンカをしていました。けれど、姉とケンカをしたという記憶は全然ないです。弟に対しても私に対しても、最後の最後は譲ってくれていたんだろうなって思います。でも、やっぱり我慢していたんだなって。なんかこの作文、本当にぐっときますね。

はじめての挫折

運動会の日のグランドで、林間学校で行った日光で、ジャングルジムでの集合写真で、いつも友だちの輪の中にいた笑顔の未和さん。その頃の夢はお医者さんになること。愛読書は『アルジャーノンに花束を』だった。「この本、読んでみてよ」と、母に勧めることもあった。

順調な学校生活を送ってきた未和さんが、はじめて挫折を経験したのは中学受験のときだったという。

佐戸家が暮らしていた巣鴨周辺は、三菱財閥の創始者、岩崎家が買い取り整備した住宅街だ。今でも実業家や政治家が住んでいるという。駅前には中学受験で有名な進学塾が集まっていて、「志望校合格!」、「中学受験生がんばれ」と書かれたのぼりや看板が闇夜に浮きたつ。未和さんが通った塾はどれだろうか。

めぐみ　塾に行ったあと屋台に寄ってものを食べたりとか、ハチに刺されて帰ってきたりとか、いろんな事件もあったんですけど。私は、「未和ちゃん、中学受験なんてしたくないんだろうな」と感じていました。結局、受けた学校は全部落ちちゃって。結果発表から帰ってきて、母の膝の上で泣いているときもありましたね。

守　あのとき、未和はショックだったでしょうね。でもある意味、本人にとってはよかったのかもしれません。ショックを受けて沈み込んだわけじゃなく、「仕方ないな」と淡々としていましたから。これも経験のひとつとして受け止め、成長につながればいいと思いました。

阪神淡路大震災が起きた一九九五年、未和さんは中学に入学した。選んだのは隣の学区にある文京区立第二中学校だった。

中学時代の同級生
須田槙子さん

「このあたり全然かわってないな。未和と私は自宅が同じ方角でしたので、この道を通って帰っていました。あ、そこを曲がったところに正門があります」

そう話すのは、未和さんからすーちゃんと呼ばれていた同級生の須田槙子さん（三六）だ。国道二五四号線、通称春日通りには自転車屋さんにお寿司屋さん、神社の鳥居などが並んでいる。変わったことといえば、遠くにスカイツリーが出現したことと、合併によって学校の名前が本郷台中学校になったことくらいだという。

「あの校舎の入り口のあたりでいつもミーティングをしていました。当時は土のまま（笑）、クレーコートだったので、白い石灰でラインを引いて。ボールがこのあたりにまで転がってくることもありました。なんか懐かしいですね」

少し背伸びをして、正門の柵ごしに想い出を語る須田さん。一学期、第一希望のバレーボール部が人数不足で解散になり、選び直したのがテニス部だった。そこで未和さんとチームメイトになる。小柄で細身だった未和さんとはじめて言葉を交わしたのは入学式の日だった。

「式が始まる直前、廊下に並んでいたときだと思います。未和は苗字が〝さ〟ではじまり私は〝す〟なので、彼女はちょうど私の前にいました。そのときに、『はじめまして』と。最初はおとなしかったと思います」

最初はおとなしかったという未和さん。そんな彼女のことを国語の教師だった笹川三恵子さん（七二）もよく覚えている。

「最初の印象は、この子、緊張してるんだ、という感じでした。『私、優等生にならなくちゃいけない』というような硬さがあったのだと思います。未和さんはこのあたりの生徒とは違う学区の小学校から来ていたので、周りは知らない子ばかりですよね。だから、そこに入って行くために気負っていたんじゃないかな」

未和さんが一年生のときクラス担任だった堀越勉先生（五四）はこう話す。

「佐戸は学力が全然ちがいました。他の子と」

そして、こう続ける。

「かといって、それにこだわることもない。すごく悪い子もいるのに全く区別しない。まっすぐ相手の目を見て話す。一二歳の少女に社会性が出てきて、一気に開花したのかもしれない」

どういうことなのか。同級生の須田さんが教えてくれた。

「あの学年って男子がとても子どもっぽくて、授業もうまくいかないくらいでした。掃除の時間になると外に出てしまったりして。私たち女子は、『ダメだ』とか言って（笑）、強制的にほうきを渡したりしていました。

一方、未和は、『はい、はい』という感じで男子と向き合っていて。『怒ってるだけじゃしょうがない』とか、『今日は誰が（掃除を）協力してくれた』とか、現実を受け入れて前向きにやっていたのかなと思います」

国語教師の笹川先生はこう見ていた。

「未和ちゃん、いつのころからか、とっても自由な発想ができるようになっていきました。『おかしい』と言うだけじゃなくて、『じゃあ、どうしたらいいんだろう』って。みんなで考えて、一緒に成長していけた学年なんじゃないかなと思います」

ノートに書いた夢

中学一年生のとき未和さんが使っていたノートが遺されている。タイトルは、「平成七年度第一学年　進路指導学習ノート」。表紙の下には、「一組三三番　佐戸未和」とある。中にはガリ版刷りされたプリントが一八ページ分、画用紙の表紙にはさみ込む形でホチキス止めされている。表紙の挿し絵は枝に止まる二羽の小鳥。描いたのはすーちゃんだった。

ページをめくると、当時未和さんが進路についてどう学んでいたかがわかる。

①中学を卒業したら、どの道に進むのか（進学）か（就職）か

②将来なにになろうとするのか（職業）の（選択）

③自分にとって何が大切か（生きかた）や（価値観）の（選択）

カッコの中は自由記述になっていて、それぞれに未和さんが書き込んだ言葉があった。

三、四ページには、「先輩たちの歩んだ道　君はどんな道を切り開くのか」と題する資料があった。ある架空のクラス全員の進学や就職、転職、結婚など人生の節目を書き込んだ一覧表だ。四〇人のうち、中学を卒業してすぐに就職したのは二人で、大学進学率は約四割になっている。

未和さんの担任だった堀越先生は、「いい高校、いい大学、いい会社の〝いい〟って何？　自分に

とって他にもベターな道があるんじゃないの」と気づかせるのが狙いだったという。

未和さんがノートに書いた「将来つきたい職業の第一志望」は通訳。「その理由」は〈外国のことに興味があるから〉だった。妹のめぐみさんはこう話す。

須田槙子さん（左端）　佐戸未和さん（左から２番目）
中学卒業の日　遺族提供

うちはもともと、父が海外で働くことが多かったので、他の家庭よりは外国への興味が強かったと思います。姉は高校に入ってからドイツやアメリカのボストンにも留学しました。日本では着たこともないショートパンツをはいて帰ってきて、外国の友だちと電話で話したり。自分の道を自分で切り開いているように感じました。

高校二年生のとき、未和さんが家族に送った絵葉書には、こんな言葉が踊っている。

〈みんな元気？　未和はサイコーに元気だよ！　未和はドミニカやトルコ、イタリアの子と仲良くなりました。最初の二日位はぜんぜん英語が通じなくて泣きそうだったけれど、今は少しずつ慣れてきて本当に楽しいよ。じゃね〉

小鳥の表紙のノートには、二三歳までの一年ごとに「未来の自分史」を書いてみるというページがあった。未和さんの一九歳は

「大学へ入学。英文科へ行く」。二四歳は「通訳の仕事につくため資格をとる」。それから先は空白だった。

元ブラジル代表 サンパウロ FC(当時)のカカ選手と
20歳の未和さん　父の駐在先 ブラジルにて　遺族提供

4 酷暑の中の参院選取材

誕生日に送ったSOS

〈スタジオ寒くて死にそう〉

二〇一三年六月二四日の深夜、こんなメールを婚約者に送った未和さん。翌朝も早い時間から政党関係者や同僚の記者と業務連絡を始めていた。昼前にはロケに繰り出し、都議選の受け止めについて中小企業を取材した。最高気温は二八度、平均湿度は七六％。六月早々に始まった真夏のような天候が続いていた。

連続一六日の勤務が未和さんに何をもたらしていたのか。未和さんの誕生日である六月二六日、ブラジルに駐在中の父、守さんが未和さんに送ったメールのなかに、彼女の身に起きた異変について記されていた。

〈未和

母さんから、未和が誕生日に扁桃腺が腫れて病院に行っている、と聞いたが大丈夫か。今日で三一歳になったのだな。会社員としては仕事を覚え生意気盛りの年齢だが、体の定期チェックは怠るなよ。父さんもあと二カ月と少しで帰国する。ストレスの多い仕事から離れ自由になる嬉しさと、現役から

退くという寂しさの混じった複雑な気持ちだ。未和もボツボツ自分の家庭を持てよ。父〉
そのとき、未和さんは高熱を出し、病院で点滴を受けながら仕事を続けていた。未和さんが返したメールには切実な言葉が綴られている。
〈パパへ
ありがとう。なかなか悲惨な誕生日だったけど、何とか体調も戻ってきたよ。都議選は終わったけど、もう一カ月もしないうちに参院選……。忙しいしストレスもたまるし、一日に一回は仕事を辞めたいと思うけど踏ん張りどころだね。この歳になって(仕事を)辞めて、家事手伝いになると結婚もできないわい。七月には一時帰国するのかね？　それじゃ、またねー　未和〉

守　未和があんな弱音をはいたのは、あとにも先にもあれだけです。私が海外にいたときは、月に何回かメールを送ったり電話をしたりして、「元気にしている？」、「何の仕事をやっている？」と近況は聞いてました。だから、あの時点では、「記者は相変わらず忙しいな」という印象しかなかったのですが。

なぜ未和さんは辞めたいという言葉を発したのだろうか。その謎を解く手がかりを伝え聞いたという人がいる。
「これが未和ちゃんの職場に関する資料だそうです」と言ってその人が取り出したのは一通のメールだった。差出人は都庁キャップの東條氏、送信日は二〇一二年四月〇〇日、宛先は都庁クラブ記者全員、件名は「ご連絡」となっていた。

〈都庁クラブ各位
今月〇〇日の午後〇〇時をめどに都庁クラブと多摩報道室のデスク、記者を集めたクラブ会をセンターにて〇〇部長が開きます。東京の情報、ネタをいかに首都圏ネットに出していくか意見交換する場だということです。可能な限り出席をお願いします。東條〉

首都圏ネットとは未和さんたちが所属する首都圏放送センターの担当番組「首都圏ネットワーク」のことだ。メールの宛先の中には確かに、「佐戸・都庁」もある。

なぜ、これが「辞めたい」につながるのか。いったい未和さんに何があったのか。事情を耳にしたというその人の説明はこうだった。

会議の中心テーマは、なかなか埋まらない番組の枠をどうやって埋めていくか、だったという。当時、首都圏にある放送局と宇都宮局、前橋局が担っていた「首都圏ネットワーク」。広いエリアながらも記者クラブがあるのは東京だけだった。がぜん記者の数も多い。ゆえに、都庁で発表される情報をもっと拾いあげ、リポートを出してほしいと番組の首脳陣は都庁クラブに期待をしていた。

一方、都庁キャップの東條氏はいわゆる特ダネを重視していた。都知事周辺に食い込んで、インサイド情報を得てスクープする。そんな報道に力を注ぎたいというわけだ。しかし、それでは時間と労力がかかり、出稿数はかせげない。放送枠が埋まらないという問題の解決につながらない。どうすればいいのか。

議論が平行線をたどりかけていたとき、ある提起がなされたという。

そのとき、首脳陣の一人が、「どちらが正しいと思うか手をあげろ」みたいなことを言ったそうです。東條キャップの独自ネタ重視の路線に賛同するか、もっと記者リポートを多く出していきたいか、記者一人ひとりに態度表明させることで、東條キャップの方針をつぶそうとしたというのです。

その提起を受けて、都庁クラブの記者四人のうち二人が独自ネタ重視の継続に、未和さんともう一人が記者リポートを増やす方針に手を挙げた。ネタが取れる記者だということで、未和さんを引っ張ってきたという東條氏。その会議を境に、彼の未和さんに対する態度は豹変したそうだ。

彼女からすると、まず、相談できる人がいなくなったというのはあって。実際、「クラブで東條さんと二人になると怖い」って、未和ちゃんから直接聞いた人もいます。いつ二人になるかわからないので、やっぱり足が遠のいちゃう、と。

あと、ちょっと見返したいという気持ちもあったんだろうと思います。彼女、すごくいいリポートをいくつも作ってるのですが、独自ネタをほとんど書いてないんです。だから、希望する異動先に行くためにも、情報が取れる記者だということを証明しようと考えたでしょうね。

しかし、その後の状況は必ずしも未和さんに有利な展開ではなかった。クラブ会から異動の時期までに取材対象となった重要項目のほとんどが選挙だったからだ。二〇一二年の都知事選、総選挙。そして、二〇一三年夏の都議選と参院選。なんと選挙が四つも続いたのだ。未和さんの知人も、そのことを悔やんでいる。

未和ちゃんにとって不幸だったのは、がんばる対象が選挙しかなかったということです。選挙っていくらやってもよくわからない世界なんですよね。そのつかみどころのない取材をずっと続けちゃったのが、勤務時間が長くなった原因なんじゃないかなと思うんですけれど。

「この暑さおかしい」

〈病院に寄ってから都庁にあがります〉

三一歳の誕生日の翌日、六月二七日、九時五七分。未和さんは都庁クラブのキャップにメールを送った。そして、病院で診察を受け、そのまま都庁の六階にあるＮＨＫのブースに入った。窓際にあるキャップの席から自分の席まで、距離は一〇メートルほどだった。

一四時五一分、キャップからメールが届いた。

〈都庁クラブ各位

東京選挙区のリポートは七月一一日(木)のニュース7で放送されることになりました。九日くらいから制作が始まると思いますので、公示日から八日の週前半にかけてロケをする必要があります。佐戸記者が全体をとりまとめますので、連絡を取り合いながら取材を進めてください〉

七月四日公示、七月二一日投開票の参議院選挙。都庁クラブの記者四人の取材担当はすでに決まっていた。未和さんは自分が受け持つ候補の取材をこなしながら、東京選挙区全体についてのＶＴＲリポートを制作することになった。「なぜ私が？」と思っただろうか。キャップに自分の力を見せるチャンスがやってきた、と捉えただろうか。

キャップから届いたメールには、次のような指示もあった。

〈公示日の各候補の第一声の場所、時間が決まりましたら、連絡メールの「東京選挙区第一声予定」に随時更新で入れて下さい。（選挙戦リポートで）扱う候補は今のところ政党の候補九人と山本太郎、幸福実現党までです。特に候補の特徴的な運動を描けるように事前に取材しておいてください〉

未和さんを悩ませたのは、みんなの党がぎりぎりになって選んだ候補、桐島ローランド氏の第一声の時間と場所が決まらないことだった。七月に入ると、選挙事務局やカメラマンから催促のメールが来るようになった。未和さんは最新情報を得るため関係者を追いかけ奔走した。取材した情報は時間刻みで変化した。

七月一日二一時　〈第一声は一〇時三〇分新宿西口で調整中。まだ、正式決定ではない〉

七月二日一一時　〈第一声は白紙に。有楽町、池袋で検討中〉

七月二日一七時　〈一〇時三〇分表参道みずほ銀行前。あと、一時間ほどで決まる予定〉

七月二日一八時　〈党内で表参道にクレームが付き、麻布十番になりそう〉

七月二日一九時　〈麻布十番が消えて、巣鴨が浮上〉

七月三日　八時　〈昨夜の段階では巣鴨で代表のOK待ちという状態。今朝返事が来る予定〉

七月三日　九時　〈代表の連絡待ち〉

七月三日一〇時　〈一〇時巣鴨で決定〉

公示日の前日、やっと第一声の時間と場所が決まった。

七月四日（木）、参院選公示日。

午前一〇時、地蔵通り前の宣伝カーに向けてテレビ局や新聞社のカメラマンがレンズを構える。演説に慣れていないローランド氏のことを配慮してか、第一声は松田公太議員との掛け合いでもって進行した。その後、取材班はローランド氏の第二声の会場、銀座四丁目に移動。通行人に握手を求める候補者などを撮影した。午後五時五分、未和さんは「(第一声)みんなの党・新人　桐島ローランド」を出稿した。

七月六日(土)、参院選三日目。

この日、関東地方の梅雨明けが宣言された。これまで三〇度をわずかに下回っていた東京の最高気温はついに三三・七度に達した。東京ではこの日から一〇日連続で三五度前後の気温が続くことになる。平均湿度も七〇%前後で、まさに蒸し風呂状態だ。

正午、新宿駅をはさんで西口で山本太郎氏、東口で桐島ローランド氏の演説が始まった。山本氏はその後会場を渋谷ハチ公前に移し、緑の党比例区候補の三宅洋平氏と合同でイベントを行った。「選挙フェス」。インディーズ系ミュージシャンのライブやダンス、トークショーなどを取り入れた市民参加型の選挙活動だった。未和さんは情勢取材のためそんな会場をはしごして回った。

七月七日(日)、参院選四日目。

未和さんは出勤途中、彼にメールを送った。

〈この暑さおかしい。バテちゃいそう〉

この日、佐戸記者が向かったのは東京の下町、台東区。桐島ローランド候補の遊説風景とインタビューを撮影するためだった。七夕祭りが開かれている商店街。候補者は和服姿でさっそうと現れ、笑顔をふりまく。いくつものメディアが群がる。

最も暑い時間帯を外で過ごした取材班。渋谷の放送センターに戻ると、佐戸記者はインタビューを書き起こすなど、明日から始まる編集に備えた。仕事を終えたのは次の日の午前一時だった。

このとき、未和さんのひと月の時間外労働時間は七二時間二〇分に達していた。厚生労働省が定める過労死ラインの八〇時間まで七時間四〇分に迫っていた。

ブラジルに届いた「ニュース7」

七月八日(月)午前一〇時、選挙リポートの編集が始まった。編集室には各候補の選挙活動を追った撮影素材が集まっていた。それぞれ、第一声の素材のほかに四〇分テープが一～三本程度。あわせて、記者が小型カメラで撮影した素材もかなりの分量があった。

編集のポイントは内容にばらつきを感じさせないことだ。インタビューの長さから演説会場の盛り上がりの程度まで、あらゆる要素が均等で偏りなく見えること。それを厳守した上で、個性的な演説やパフォーマンス、著名な応援者などを盛り込んで「面白く」作ること。NHK記者として生きていくための行儀作法が試されるミッションだ。

いざ、編集に取りかかるといきなり難題がふりかかる。街頭を駆け回る主人公の候補者に混じって、比例代表の候補者やその宣伝物が映りこんでいるからだ。いいカットなので、モザイクをかけてでも使うか。あきらめて、他のカットを選ぶか。逐一、高度な判断が求められる。一つのシーンをつないではナレーションを当ててみる。しっくりこなければ作り直す。あっという間に時間が過ぎていく。夕食をとるのはあきらめた。

その日の深夜、未和さんは関係者全員にメールを送った。

〈七月八日　二三時五一分　選挙リポートの試写について

選挙リポート担当の皆様、ロケやインタ起こしなどお疲れさまでした。現在、皆様に送っていただいた構成案をもとに編集中です。明日の午後一時から試写を行いますので、参加できる方は映りこみなどをチェックしていただけると助かります。都庁クラブ　佐戸〉

編集は日をまたいで続き、退社をしたのは午前三時前だった。

九日(火)朝、未和さんは九時すぎに業務関連の連絡を始めていた。ロケが入ったため試写に参加できないという記者とのやりとりや、機材の貸借についての確認。記録上の出勤時刻は一一時だったが、その二時間も前から働いていたことになる。

出社後も、試写へ向けての準備は続いた。昼食へ行くことはできず、同僚が買ってきてくれたドーナツ一つで腹ごしらえをした未和さん。東館四階の編集室に担当プロデューサーやデスク、記者たち十数名を迎えた。そして、疲れを感じさせない声でＶＴＲのナレーションを読みきった。

アンカー役の佐戸記者をねぎらう言葉に続いて、いくつもの指摘が出された。たとえば、遊説をする丸川候補の背景に映りこんでいた赤色の旗。もしかしたら他の候補のものではないか。未和さんは担当記者に確認を取りつつ再編集に取りかかった。

二回目の試写会は一〇日(水)の午後七時四〇分に設定された。場所はニュースセンターの首都圏編集フロアだった。今回は首都圏放送センター長と社会部長も試写に加わり、一カット、一カット、より厳格に吟味された。各候補者の応援に駆けつけた大物議員についても議論され、大河原候補のパートに登場する民主党の菅直人元首相の演説について、内容を差し替えるよう指示があった。

念には念をと、一一日(木)の午前一一時に三度目の試写会をすることになった。今夜の試写から一五時間で全編を立て直さなくてはいけない。上司の意見を反映させるため、頭から順に素材を洗い出していく。普段、愚痴をこぼすことの少ない未和さんだったが、「また直すんだよ」と同僚につぶやいていたという。

作業に一区切りをつけて職場を出たのは午前一時二二分だった。自宅で仮眠を取ること数時間。放送日の七月一一日は朝六時五〇分に都庁クラブへ出勤し、資料をあさって編集室に向かった。退社から出社までのインターバルは五時間二八分だった。

都庁キャップをはじめ、担当者が再結集して三度目の試写会が始まった。未和さんのナレーションを読む声が再びニュースセンターに響きわたる。菅氏の演説にはＯＫが出た。別途、細かい修正を指示するプロデューサーやデスク陣。最後にこんな声が飛び出した。

「自民党の映像は大丈夫か。もう一度、担当記者に確認して」

ナレーションの吹き込み作業が迫っていた。全員が机を囲み、急ピッチでコメント直しを進める。その傍ら、未和さんは自民党担当の記者と携帯電話で交信を続ける。そして、午後一時三〇分、ニュースセンター三階の奥にある整音スタジオに入った。

「よろしくお願いします！」

技術者たちにコピーしたての台本を配り、未和さんはアナウンサーブースに備え付けられたマイクに向き合った。

午後七時、ＮＨＫ「ニュース７」が始まった。

その頃、未和さんの母、恵美子さんはブラジルのサンパウロにいた。夫の守さんが一三年にわたる駐在を終え、帰国する準備を手伝うためだった。マンションの二三階にあった自宅では、衛星放送の受信契約をしていた。そのなかに、ＮＨＫのニュースを中心に総合テレビの番組を一日五時間ほど流すチャンネルがあった。

「ニュース7」は生放送だった。日本との時差は一二時間。朝、恵美子さんの耳に聞き慣れた声が届いた。長女、未和さんの声だった。

守　私の娘がNHKで記者として働いているということは現地の友だちも知っていました。駐在員や日系人のみなさんは一日中NHKをつけている人が多くて、「未和ちゃん、出てたよ」と教えてくれることもありました。それはやっぱり嬉しかったですよね。がんばっているんだなぁ、というのがわかって。

放送後、同僚や友人から寄せられた感想に、未和さんはこんな返事を送った。

〈偉い方々の試写が想像以上に面倒くさくて疲れた。参院選長いので、ばてないようにがんばります〉

このとき、未和さんのひと月の時間外労働時間は一〇一時間五七分に達していた。厚生労働省が定める過労死ラインの八〇時間を二一時間五七分超えていた。

異動の内示は横浜局

NHKの一般職員にとって七月は異動の季節だ。人生設計にも関わる重大な節目を前に、記者として、一人の女性として、未和さんはどんな希望を持っていたのだろうか。二〇一二年四月九日、未和さんが父の守さんと交わしたメールのなかには、女性記者としての自身の思いが記されていた。

〈未和
昨晩NHKの衛星放送で、「放送ウーマン」というタイトルで、報道に携わる女性の活躍ぶりを特集していたが、なかなか見ごたえのある内容だった。日本で報道の世界に女性が増えていることや、欧米のジャーナリズムとの比較で、日本はまだまだ女性の幹部比率が低いため、今後活躍の場が広がってくることなど、父さんも未和を思いながら夢中で見た。（中略）
一人前の報道記者として成長して欲しいが、仕事で体を壊したり精神を病んだりしては元も子もないので、バランス感覚をもって頑張ってくれ。父〉
未和さんの返信。
〈パパへ
放送ウーマン、面白そうだね。見たかったな〜。
確かに、会社の中での女性の比率はどんどん増えていて、未和の同期の記者は二割ほどだけど、最近では四割にまで増えているよ。仕事内容も男女変わらず、頑張って結果を出せば希望の部署に転勤できたりする良さがあるから、仕事上では一度も男女差別を感じたことはない。むしろ、泊り明けとか、急な出張とかも同じようにしなきゃいけないから、たまには配慮してくれとも思う！
しかし、この業界で生き残り活躍することと、自分の家庭を持ってしっかり守ることはなかなか両立しないから、結婚適齢期の女性にとっては悩みどころだね……〉
「結婚適齢期の女性にとっては悩みどころ」と、自身の状況について書いていた未和さん。先輩の女性記者へこう話していたという。

「最近、婚約したんですよ」

相手は年上の会社員だった。地方へ赴任中で、未和さんの休日にあわせて彼の方が上京してくることが多かった。婚約は二人の間でのことで、父の守さんが九月に帰国するのを待って正式に伝える予定だった。

その頃、佐戸家のなかでただ一人、婚約者と会ったことのある人がいた。未和さんの妹、めぐみさんだ。

新宿で偶然出くわしたことがあって。「これが姉の婚約者か」みたいな。突然だったのでお互いちょっとびっくりして、ちゃんと話ができなかったんですけれど。第一印象は背がすごく高くて、優しそうな人だなと思いましたね。未和ちゃん、こういう人が好きなんだって。

仕事を続けるかどうかについては、迷っていたのかなと思います。「結婚して子どもを育てながら、ずっと働き続けるのは無理だ」、みたいなことを言っていたので。客観的に見ても、確かに無理だろうなっていう働き方でした。

NHKの人事は考課表の作成から始まる。当時の首都圏センター都庁クラブの場合、「考課表の入力は年内に終えましょう」とのメールが東條キャップから未和さんたちに送られていた。

人事局が作成した一般職考課表は縦長の用紙二ページで、冒頭に所属、氏名、採用・人事発令の年月日、最終学歴の記入欄があり、顔写真が添付される。その先は、左右に分かれ、左が「自己申告欄」、右が「考課者記入欄」となっている。一般職員が記入する項目の主な要素は、担当業務、自己目標と達成状況、健康診断、異動の希望など。考課者はその右側に、業務の達成状況や性格的特徴、異動させたい部署とその理由などを書き加えていく。最後のところに、第一次考課者二名、第二次考課者一名、第三次考課者一名の氏名が記されてある。人事に詳しい人物が見たところ、第三次考課者が記入を担当する「昇給考課」の項目を除くほとんどの部分は、通例通り第一次考課者の一人目、都庁キャップの東條氏が記入したに違いない、とのことだった。

未和さんが書いた「達成状況」や「自己目標」はこうだった。

〈都庁担当二年目として、様々な現場で人脈が広がり積極的にニュースアップや企画を出すことができた。衆院選では共産党とみんなの党を担当し、候補者や陣営の選挙担当者をこまめに回り、次の選挙につながるような人間関係を築けたと思う。一方で、独自原稿を出稿していくという目標は達成できていない。知事が代わったことで始まる新たな動きをキャッチして、独自原稿につなげていく〉

その右側に考課者が記した「目標の達成状況」はこのようなものだった。

〈いじめから立ち直ろうと必死で生きる女性の姿を描いた企画は、相手の信頼を得て取材を進め、共感を呼ぶ内容だった。いじめ相談員を拡大するという独自ネタも発信した。都知事選と衆院選では担当する候補者や政党への取材をきめ細かく行ったほか、街頭調査にも積極的に取り組み、当確判定を中心とした選挙報道に大きく貢献した〉

「次期の異動」についての箇所は、「異動したい」と「特に異動の希望はない」の二択で、未和さんは前者にチェックを入れた。それに対して考課者は、四択のうち、二番目の「異動させてもよい」を選んだ。

続いて、未和さんが書いた「異動したい局部所」は、報道・取材センター社会部少子高齢化・拉致問題。考課者が選んだのは、報道・取材センター社会部厚生労働省。その理由としてこう書かれている。

〈社会部に異動し、厚生労働省を担当させたい。現場を知っている強みを遺憾なく発揮することが期待できる。取材経験がある拉致問題取材での活躍も期待できる〉

完成した考課表には、「平成二五年一月現在で記入」と付記されている。

次に動きがあったのは五月九日。都庁キャップの東條氏から、未和さんにメールが届いた。

〈本日、○○部長が都庁を訪れ面接をしたいそうです〉

○○部長とは、首都圏放送センター専任部長のことだ。その面接の結果を受けてのことか、五月一七日、未和さんは同僚にこんなメールを送っている。

〈なんだかんだと言っても、新しい環境、楽しみです〉

いずれかの部署へ異動する方針が示されたようだ。

五月二一日、同僚へ送ったメールには具体的な場所が明らかにされている。

〈実は今回の異動で横浜転勤になりそうです。まだ、内密な感じで、なんとも微妙ですが、横浜のうちに結婚出産を目標にがんばらないと〉

七月五日、今年度の一般職異動がすべて確定したとの情報が入る。内示の日は七月一七日とされていた。その日未和さんが告げられた異動先は、部長から内々に聞かされていた横浜局だった。午後二時、未和さんはスマートフォンを使って、家族にＬＩＮＥで一報を入れた。

〈横浜局の県庁キャップになりました……忙しそう〉

午後八時、母の恵美子さんから返信があった。

〈おめでとう。パパに報告するね〉

二分後、未和さんはこんな文章を打ち込んだ。

〈めでたいかどうかは謎だね（泣き顔のスタンプ）〉

「謎」――未和さんは、なぜそんな言葉を伝えたのだろうか。人事局が下した横浜局への異動とは、いったいどういう意味を持つのだろうか。同僚の記者は当時を振り返ってこう話す。


佐戸が首都圏放送センターに来たときは、すごい優秀でガッツもあるから早ければ二年、遅くても三年で社会部に行くだろうな、とみんな感じていました。それが、横浜って聞いたときは「えっ」と思いましたね。

首都圏放送センターは社会部や経済部などに行くための腰掛けみたいな所でもありました。異動の時期、社会部を希望する記者が全国から東京に来るのですが、とても全員は受け入れられない。そこで、実力的には申し分ないけれど、ちょっと巡り合わせの悪い人が一、二年首都圏にいる、というパターンが結構多かったんですよ。

後になってご両親は「左遷だった」と言っておられたそうなのですが、確かにそういう側面もある異動でした。情報が取れない記者だ、と判断されたから横浜なんだろうな、と。


未和さんと同世代の記者は、スマートフォンを取り出してこう説明してくれた。

佐戸さんですよね……。都庁クラブ時代の二年で二〇〇本以上の記事を出稿して頑張っているのに、独自ネタは三本ですね。タイトルの頭に「独」とあるのがとくダネなのですが、こうやって検索すると私より少ないんですよ。これは明らかに少ないです。
たとえば、首都圏センターに六年くらい在籍して、十分な実績を残してから横浜へ異動するのならまだいいのですが、首都圏に三年で横浜となると、そのあと東京に戻ってこられない可能性がある。地方を転々と回されるだけになってしまって。あせったとしてもおかしくないでしょうね。

一方、社会部OBの記者はこう分析する。

佐戸記者の状況を総合的に考えて、あのタイミングで横浜に行ったきり二度と東京に戻れないと決めつけることはできないでしょう。県庁キャップはバリバリ働けるポジションで、決して悪い人事ではないと思う。要は本人のがんばり次第だと思います。

初任地から直接、東京の社会部へ異動する記者も少なくないという現実。未和さんにとって、入局九年目に突きつけられた内示の結果はどう映っただろうか。
考課票の作成から六カ月、部長面談から二カ月。胸の内に「謎」を抱え込んだまま、未和さんの参院選取材は佳境を迎えていた。

投票日へのカウントダウン

〈昨日の期日前出口調査などを踏まえた情勢報告と当確判定基準の差し替え版を送ります。吉良の二〇時当確も申請しておきました。判定作業のイメージをふくらませておいてください〉

横浜局への内示が出た翌日、都庁キャップから未和さんにメールが届いた。七月二一日の参院選まであと三日。担当する三候補の当確判定を担う未和さんに、万全の準備を促すものだった。

都議選終了後、参院選へ向けていくつもの会議が行われてきた。六月二八日の第一回東京参院選票読み会議は、最新の情勢取材を反映させた強弱表をベースに進行した。

「本日の票読み会議は都議会議員選挙の結果を分析していただいた上で、都庁クラブの票読みや候補の強弱について意見や考えを話してください。また、都議選でサンプルの歪みや取材票の入手でうまくいかなかったことなどがあれば、説明を加えてください」

一	丸川　珠代	（自民）	AA
二	山口　那津男	（公明）	B
三	武見　敬三	（自民）	B
四	吉良　佳子	（共産）	C+
五	桐島ローランド	（みんな）	C+
六	鈴木　寛	（民主）	C−
七	小倉　淳	（維新）	C−
八	山本　太郎	（無）	C−
九	大河原　雅子	（民主）	C−

佐戸記者が当確判定に関わる吉良、桐島、山本の三氏は定員五の枠の前後に分散している。
二日後の六月三〇日、街頭調査の分析会議に向けて提出された資料はこうだった。

〈各位

街頭調査の結果がまとまりました。暑い中、お疲れ様でした。

		全体	無党派層
①	丸川	一八二（二六・〇％）	（三〇・三％）
②	武見	一三六（一九・四％）	（一三・九％）
③	山口	八一（一一・六％）	（七・九％）
④	吉良	七〇（一〇・〇％）	（一〇・四％）
⑤	鈴木	五四（七・七％）	（七・五％）
⑥	大河原	四八（六・九％）	（七・一％）
⑦	桐島	四二（六・〇％）	（六・四％）
⑧	山本	三八（五・四％）	（八・六％）
⑨	小倉	三四（四・九％）	（四・六％）

自民二人が抜けて、公明が安定。共産が続くというこれまでの傾向と変わりありません。民主はきれいに二つに割れていて、共倒れの気配濃厚。山本太郎は表明してから時間があまりたっていないことを考えると、今後、伸びていくことが考えられます。都庁クラブ東條〉

わずか二日で桐島氏が二つ順位を下げ、山本氏の伸びが予想されるなど、未和さんが担当する候補の情勢は極めて読みづらい状況だった。その後も三候補の強弱予想は変化し続け、期日前投票の調査結果が好調な吉良候補について、夜八時、投票箱が閉まった直後に当確を打つ「二〇時当確」が申請されることになった。未和さんの肩にのしかかった重責はピークに達していた。

無党派層の動向が勝敗を大きく左右する東京選挙区。未和さんが担当した候補は特に無党派層の支持が高い傾向にあった。当確判定のイメージを確たるものにするため、未和さんは取材のノウハウを先輩記者に尋ねていた。

「無党派層の動向って、どう読めばいいでしょうか?」

その先輩はこうアドバイスしたという。

「それはなかなか難しいけれど、街頭インタビューっていう方法もあるよ」と答えたのを覚えています。当時、メディアや政党が行っていた世論調査は固定電話が主だったんです。でも、無党派層の多くは若者で携帯電話しか持っていない人が多い。そうなると、あまり信頼できないんですね。じゃあどうするかというと、自分で街に出て聞いていくしかない。「そういう手もあるよ」と佐戸さんに話しました。彼女、会社から指示された街頭調査以外にも、時間を見つけては外で取材をやっていましたね。体力的に相当きつかったんじゃないかなと思います。

未和さんが残したNHK手帳やノートをめくってみると、所々に時間と地名が走り書きされてある。選挙リポートの取材・編集以外の日に、街頭取材のため選挙演説の場に足を運んだ様子がうかがえる。

七月　五日　一五:〇〇　　　　新宿西口
　　　　　　一八:〇〇~一九:〇〇　新橋SL

七月　六日　一二：四〇　新宿
　　　　　　一三：三〇　渋谷
七月一二日　一三：三〇　高輪
　　　　　　一四：三〇　品川東口
　　　　　　一六：〇〇　大井町東口
　　　　　　一七：三〇　大森

七月一二日午後三時五八分、未和さんは友人にこんなメールを送っている。

〈取材グループの一人が倒れちゃって、今週末の休みがどうなるか見えない〉

未和さんは七月一三日(土)、一四日(日)に予定していた休みを返上することになった。七月一八日(木)の泊まり勤務の日の仮眠もとれなくなっていった。

そのころ、都庁の前で未和さんと言葉を交わした人がいる。中学時代、テニス部のチームメイトだった須田槙子さんだ。


夜遅く、一一時近くだったと思います。たまたま会ったんですよ、都庁第一庁舎の前で。未和はすごく疲れた顔をしていて、「こっちの仕事を終わって、いまから渋谷に戻る」と。「職場が二つあるから、毎日こんな感じだ」って。

お互い同じビルで働いていることは知っていたけど、会ったのは初めてでした。私が、「部署異動があった」と言ったら、未和は、「そうなんだ。ごめん、またね」みたいな感じで。急いでタクシーに乗って行っちゃった。私はもっと話したかったんですけど……。

七月一九日(金)、選挙の二日前。都庁キャップの東條氏から未和さんにメールが届いた。

〈永田町経由でクラブに上がります。各党、各陣営への詰めの取材をお願いします〉

キャップの号令を受け、未和さんは選挙戦の最終日も各候補者の演説会場を飛び回った。ノートには関係者や仲間の記者から聞き取った街頭演説の時間と場所がメモされている。

七月二〇日(土)　一二:三〇~一三:三〇　新宿三丁目
一四:〇〇　府中
一四:一五~一五:〇〇　池袋東口
一四:三〇~一五:三〇　表参道
一五:一五~一六:〇〇　池袋サンシャイン
一六:三〇~一六:五〇　池袋東口
一七:〇〇~一八:〇〇　銀座四丁目
一八:三〇　有楽町イトシア

息詰まる開票速報

七月二一日(日)、参議員選挙の投開票日。「ニュース7」は短縮編成。大河ドラマ「八重の桜　第二九回　鶴ヶ城開城」が始まったのは午後七時一〇分。こちらも特別編成だった。

開票速報がワイドショー化したのはいつの頃からか。どの局も投票箱の蓋が閉まる午後八時にあわせて特番を組むのが通例となっている。民放各局は広告代理店を通じて高ランクのCM枠を売り込み、営業成績の向上をめざした。

大河ドラマが終わった午後七時五四分、NHKは客を逃すまいとすぐさまスポット宣伝を流した。

「出口調査と開票状況をいち早く。夏の決戦！　開票速報はNHK‼」

快晴の放送センターを背景に七人のキャスターが気勢をあげる演出だった。

午後七時五五分、放送センターの北館二階にあるニュースセンター。メインの送出卓の三色灯が赤色に変わった。武田真一キャスターにキューサインが送られた。

「こんばんは。ねじれは解消されるのか。過半数をめぐる与野党の戦い、間もなく決着します」

このとき未和さんはパソコンが増設された特設スタジオにいた。ニュースセンターの最も奥にあるCスタジオだ。隣には都庁クラブのメンバーもいる。誰もが投票所から続々と届く出口調査などのデータに見入っていた。画面が切り替わり、松村正代キャスターが原稿を読み始めた。「こちら開票速報本部では、全国の放送局から取材情報を集めて、選挙結果がどうなるのか分析しています。現在も最終的な確認作業が続けられています」。

カメラが松村キャスターにゆっくりズームインしていく。その右に当時の報道局長、荒木裕志氏、左に現報道局長、小池英夫氏の表情が大きく映る。未和さんたち都庁クラブのメンバーは画面の外だ。映像に映った記者は二一名。そのうち一〇名がスーツの上着を着ている。この日も真夏日だった東京。スタジオの空調が十分に効いていたことがわかる。「二〇時当確」まであとわずか。連日、炎天下での取材を続けてきた未和さんにとって、身が縮こまるような環境で息詰まる神経戦が始まった。

投票箱の蓋が閉じた。ファンファーレを思わせる効果音とともに、「07、06、05、04、03、02、01、

00」とデジタル表示の数字が画面に飛び込む。国会議事堂のＣＧ画像を背景に、武田キャスターが力んだ声で原稿を読みあげた。

「自民公明の与党が過半数を獲得！　衆参のねじれが解消されます！　午後八時を回ったばかりですが、自民党の候補を中心に次々と当選確実が出ています」

〈確(当選確実)　丸川珠代　自・現　東京〉

〈確　山口那津男　公・現　東京〉

画面の下に、候補者の顔写真をそえた文字情報がテンポよくせり上がってくる。見事、都庁クラブの中堅記者が担当した候補者にすぐさま当確が打たれた。

改選議席一二一議席のうち九七議席が「二〇時当確」となった。投票終了から大勢判明の放送まで、わずか二三秒の早業だった。

未和さんが担当した候補はどうなったのか。東京選挙区五議席のうち、丸川候補と山口候補に「二〇時当確」が出たことで残る議席は三つになった。出口調査の結果を受けて、桐島候補は当選の可能性が極めて低いことがわかっていた。吉良候補にはＴＢＳとテレビ朝日が「二〇時当確」を出し、先を越された。

山本候補は、「二〇時当確」には至らなかったものの、無党派層の支持を集め当選圏内を十分にうかがえる勢いだった。未和さんが街頭調査で集めたデータは、当確判定を占う選挙システムのサーバーへ入力済みだ。あとは開票情報を待つばかり。未和さんは選挙端末の画面を監視し続けた。

取材票の実態

その頃、得票数の行方を取材するＮＨＫの記者は何をしているのか。未和さんと同じく参院選を担当していた記者のＧさんが教えてくれた。

「平成二五年七月二一日執行の第二三回参議院選挙の開票の開票を開始します」

全国一九〇三箇所の開票所で一斉に開票作業が始まる。銀色の投票箱の中から大量の投票用紙が出てくる。自治体の職員などスタッフが、記入された候補者や政党名を確認しカゴに仕分けしていく。カゴが一杯になると専用の機械に流し込み、一〇〇票ずつの束にする。それを人の手で二度数え直す。相当に手間と時間がかかる作業で、大規模な開票所では午後一〇時時点の公式発表が全候補ゼロ票ということもある。

それでは話にならないと、大手メディアは開票所にスタッフを派遣し、公式発表の前におよその得票数を把握しようと試みる。許された取材地点は体育館の二階席など遠目のところだ。双眼鏡を片手に票の束を数える作業が続く。

しかし、目算に誤りはつきものだ。よって、ＮＨＫが「大量サンプル」と呼ぶ集票台の得票数は、あくまでも判断材料の一つとされている。ところが、Ｇ記者は日頃の人脈形成によって正確な実数を極めて早く入手し、開票速報本部に伝えていたという。

「寿司でも食わねえか」

静まりかえった役所の市長室で市長が声をかけた。そばにいたのは秘書室長や総務課長ら数人の幹部。来客用のソファーには地元紙のキャップとＮＨＫのＧ記者が座っている。夕食が済んでしばらくすると、再び市長がつぶやいた。

「始まったみたいだな」

市長室にある時計の短針は「九」の方向を指していた。市内各地で開票作業が始まる時刻、午後九時だった。それぞれ、お互いの存在を無視するかのように時が流れる。市長の携帯電話が鳴った。うなずきながらメモを取る市長。彼が折りたたみ式の携帯電話を胸に収めてからのことをG記者が話してくれた。

ちょっとすると市長がね、「いまから独りごとを言うからな」って言うんですよ。「えー、何時何分現在、A(候補)何万何千何百何票。B(候補)何万何千何百何票……」。すると、地元紙の記者と私がだーっとメモに取る。そして、それぞれの会社に連絡を入れます。もちろんそれは、公式発表よりもはるかに進んだ得票数で、「大量サンプル」よりも正確です。

なぜ、そんな情報が出ると思いますか。開票所には立会人という人がいて、得票数は正しいか、候補者名に読み違いはないか、一枚一枚チェックしています。実はその作業に長い時間がかかっているだけで、実際の集計業務というのは相当早い時間に終わっているのです。その集計結果が内部情報としてトップに伝えられるというわけです。

NHKの記者が独自に取材して入手した得票数、「取材票」の実態について語るG記者。それにしても、G氏はなぜそんな場に居られたのだろうか。気になって質問したところ、答えてくれた。

NHKのニュースを見ていて、「なんで、この市のこんな話題がこんなにでっかく扱われるの?」と感じたことはありませんか。私はそんな企画を作ったことがあります。それには裏の意図があって……。「市長、あのときの企画、反響ありましたよね。ところで、選挙が近づいてきましたけど」とささやくと、「じゃあ、いいよ。選挙のとき来て」と市長は応えてくれるのです。
いやー、すごく楽な選挙取材でしたね。また、そうやって早く当確を打った政治家は、僕に信頼を寄せてくれるようになりましたよ。政治家って結構物知りだから、その後いろんなネタをしこませてもらいました。

演説会場を飛び回り、何人もの関係者に取材を重ね、地道に情報をつかんでいった佐戸未和記者。彼女と対照的なG記者のような取材手法は稀なのか。最後に尋ねてみた。

〇県では……新聞、△市では……新聞、□県では……新聞と、同席が許される新聞社は自治体ごとに異なります。けれども、放送局は民放ではなくて、なぜか必ずNHKが入っているようです。異動してきた我が社の記者は、引き継ぎのときの慣習として、「あの件はどうなってるんだ」と真っ先に聞きますよね。
もちろん、当事者同士しか知らない事です。市長室で寿司をご馳走になった夜も、「ここに私たちがいて、こうしたということは墓場まで持っていきましょう」と言って、地元紙の記者と別れました。

すべてはその一瞬のために

NHKの開票速報センターにはテレビモニターがずらりと並び、生放送で進行する自社と民放各局のスタジオを映し出している。午後九時一〇分、ＮＨＫの武田キャスターが東京選挙区の最新情勢について伝えた。

「では首都決戦、出口調査による情勢です。東京は定員が五。残りは三議席です。共産党新人の吉良さん、自民党現職の武見さん、無所属新人の山本さん、民主党現職の鈴木さんの四人の激しい争いになっています」

未和さんは選挙端末の画面に釘付けになっていた。その頃、目線の奥にあった民放テレビのうち日本テレビのモニターに変化があった。山岸舞彩キャスターが番組の進行を仕切った。

「注目候補にお話をうかがいます。よろしくお願いします」

未和さんの担当候補のひとり、山本太郎氏の事務所が生中継される。椅子に座りカメラ目線で質問に答える山本候補が大写しになる。もし、このタイミングで日本テレビが当確を打ったとしたらＮＨＫは完敗だ。大注目の候補がわっと喜ぶその瞬間を、他局に独占されてしまうからだ。ＮＨＫ優位で推移している視聴率が一気に逆転するかもしれない。

「あわてなくていいからな」

「おい、打っちゃえよ！」

声にならない声が、未和さんの周辺でこだまする。

日本テレビは中継を続けている。その途中、山本候補の後ろにいた支持者数名の表情が一瞬ほぐれた。みな一様に、事務所内に設置されたＮＨＫのテレビを観ているようだ。東京選挙区の武見候補を紹介するＶＴＲの下にグラフィックの表示が現れた。

〈確　山本太郎　無・新　東京〉

午後九時一〇分四八秒。ＮＨＫは接戦だった山本候補に当確を打った。港区東新橋にある日本テレビ本社では、「ＮＨＫ当確！」の声が飛んでいた。候補者本人と生中継でつながっている絶好のタイミングだ。しかし、当確判定では後塵を拝した。村尾信尚キャスターは、「山本さん、もし当選された場合なんですけど……」と仮定の質問を投げかけるしかなかった。

午後九時一二分三〇秒、ＮＨＫの画面が中継映像に切り替わり、杉並区高円寺の山本事務所が映し出された。「太郎！　太郎！」の大合唱が聞こえる。事務所の後方にはＮＨＫ、日テレ、ＴＢＳ、テレ朝ほか各局の放送用カメラが並んでいる。フラッシュを浴びる山本候補を見上げながら、ＮＨＫの男性アナウンサーがインタビューを始めた。

その時点で発表されていた開票率は〇・一％。三位の山本候補の得票数は三〇〇〇票で六位との票差はわずかに一五〇票だった。そんな状況で当確が打てたのは、未和さんをはじめとするＮＨＫ記者たちの取材力あってのことに違いない。テレビ朝日が山本候補に当確を出したのはＮＨＫから約五分遅れの九時一六分、ＴＢＳは約一四分遅れの九時二五分、日本テレビは約一六分遅れの九時二七分だった。

午後一一時三〇分、ＮＨＫは東京選挙区最後の当確を自民党の現職、武見敬三候補に出した。ＴＢＳより八分、テレビ朝日より三二分早かった。

未和さんは一息入れるため席を立った。フロアの隅で同期の女性記者とすれ違い、異動先の横浜のことについて立ち話をした。そのとき未和さんは、「やっと終わった」という表情をしていたという。久しぶりに会った先輩の女性記者から近況を聞かれたときは、「最近、婚約したんですよ」と恥ずかしそうに答えた。

この日、未和さんの夕食はミートパイとフランクフルト、それにサラダだった。食堂で温かい食事をとる余裕はなかった。開票本部に張り付くこと一三時間、未和さんは翌日の午前二時五〇分、放送センター西口からタクシーに乗って帰宅した。

5 「未和さんが亡くなりました」

選挙二日後の送別会

参院選の翌日、七月二二日(月)。朝の新宿で未和さんは彼にメールを送った。

〈いま都庁に向かってるところ〉

この日は午前中から異動に伴う資料の整理にあたっていた。異動先の横浜局副部長に挨拶のメールを送り、名刺発注のためのＦＡＸを送信した。午後八時、都庁クラブのメンバーで選挙の打ち上げがあった。会場は新宿の焼肉料理店だった。未和さんは同僚に、「これからは、もっと現場に出てもっと話を聞きたい」と話した。二次会が終わったのは翌日の午前一時だった。

七月二三日(火)。未和さんはこの日も異動関係の準備に追われた。そして、ＮＨＫ手帳の翌週のページに次の仕事に向けて取材候補を書き込んだ。その中には、「菅官房長官」の名もあった。

休憩時間、未和さんは記者の仲間にこんなメールを送っていた。

〈みなさま　選挙が終わった後の楽しいお知らせのご案内です。今月二九日「ニクの日」にあわせて女子会を開催します☆　それでは残りの日々、がんばりましょ～　さど〉

先輩記者からの返信はこうだった。

〈ご連絡ありがとう！　こないだ以上にガールズトークに拍車かけましょう〉

〈いつも幹事をありがとう。さどっちがいなくなったらどうしよう、、と思いながら〉

夜八時、ＮＨＫ放送センターの一階にある社員食堂で、首都圏放送センター一般職送別会が開かれた。送別対象者は記者のおよそ半数だった。未和さんは、「横浜でも頑張ってきます」と、みんなに挨拶をした。

この日の最高気温は三五・二度。夜、雷を伴う大雨が降った。午後九時半、宇田川町のタイ料理店で一次会、日がかわった頃、東急本店通りにあるそば屋で二次会が開かれた。未和さんには記念品としてマフラーが贈られた。赤色に白の模様が入ったタオル地のマフラー。未和さんが好きだった霜降りの牛肉をイメージしたプレゼントだった。

そば屋の座敷席で撮影された写真が二カット残されている。一カット目は同僚の林記者とのツーショット。未和さんはプレゼントされたばかりのマフラーを首に巻いている。紫色に近いブルーのカットソーと絶妙なコーディネイトだ。

二カット目は一四人のグループショット。都庁クラブのメンバー五人のうち、都知事番の川辺記者だけが写っていない。中央には笑顔の未和さん。向かって右前に都庁キャップの東條記者がいる。白いシャツにノーネクタイ。左うでを膝に置いたポーズでかすかに微笑んでいる。参院選当日の視聴率はすでに届いていた。開票速報の特別番組のなかでトップはＮＨＫの一五・二％。二位のテレビ東京は一〇・三％。ＮＨＫの圧勝だった。

未和さんの斜めうしろでピースサインをしている女性記者が、その夜のことを覚えていた。

〈首都圏放送センター送別会のあの日。佐戸はいつも通り肉をガッツリ食べて、二次会ではへぎそ

首都圏放送センターの同僚記者に囲まれる佐戸未和さん
2013年7月24日　送別会の会場にて　遺族提供

ばを三枚も食べて、「佐戸！　食べ過ぎだよ。おなか壊すよ」って言ったのに、「おいしーんだもん」とペロリとたいらげてた。

帰り際、タクシーに乗ろうとした佐戸に、「また朝までカラオケ行くってよー」と誘うと、「少し疲れたから、今日は帰りますねー」と言った〉（『In Memory of MIWA SADO』より）

渋谷から池尻のマンションまでタクシーで約一〇分。未和さんは車を降りると、三階にある部屋まで階段をあがった。

午前二時五六分、未和さんは携帯電話を使って婚約者に電話をした。呼び出し続けたものの相手が出ることはなかった。帰宅後、未和さんはひとりベッドに入った。

七月二四日（水）午前四時一四分、未和さんが帰宅して一時間ほどが過ぎた頃、ＮＨＫ総合テレビの放送がはじまった。午前四時三〇分から八時までは、「ＮＨＫニュース　おはよう日本」。東京の天気予報は雨ときどき曇り、最高気温二七度。天気中継に使われたリモコンカメラは、数時間前、未和さんが仲間と別れタクシーに乗り込んだ渋谷の文化村通りを映していた。

都庁キャップからの電話

ブラジル、サンパウロ。未和さんがベッドに入った翌日、現地時間七月二五日午前、両親は人間ドックの結果を聞きに地元の病院に行っていた。医師は、「Nada estranho（異常なし）」と伝えた。

守　二人とも特に異常はなくて、「よかったね」と言ってお昼ご飯を食べました。妻はビールを飲んでいましたね。そのあと、車を運転してマンションの前に来たときに携帯電話が鳴りました。相手は未和の職場の方で、「車を運転中でしたら止めてもらえませんか。大事な話があります」、と。

僕は一瞬、頭の中が真っ白になりました。何かあったと。未和が事故を起こして病院に担ぎこまれたとか。そう思って、とにかくマンションに帰って車を置いて。自分の部屋に戻ったところで、もう一度電話がかかってきました。そこではじめて、「未和さんが亡くなりました」と聞かされました。

両親に一報が入ったのは、現地時間の午後二時半頃だった。電話の主は未和さんの直属の上司、都庁クラブの東條キャップだった。その頃、東京の自宅には未和さんの妹、めぐみさんと弟がいた。

めぐみ　あの日、仕事のあと仲のいいメンバーとタイ料理を食べに行ったんですよ。で、家に帰って、弟に「おやすみ」と言って私は寝て。そうしたら、二時頃になって弟が扉を開けて、「警察から電話があって、未和ちゃんが亡くなったって」とボソッと言って。そこからは、「え？

何、何、何だって?」と。あわてて着替えて、混乱状態のままタクシーに乗りました。

忙しく過ごす合間、いつもＬＩＮＥで冗談を言いあっていた姉。その異変を知らせる連絡に動揺を隠せない。「いたずらだと思ってるんだけど」とつぶやく弟。「嘘であってほしい」と願うめぐみさん。後部座席のふたりは手を握りあい、車窓を流れる夜の街に目をやった。

連絡があった世田谷警察署に到着すると、未和さんが鹿児島局時代ともに働いた記者が二人いた。ときどき、姉が見せてくれた写真の中にいた先輩と後輩だった。めぐみさんと弟は、「とりあえず、対面を」と促す警察官に導かれ歩いていった。

めぐみ　警察署の本庁舎から離れたところだったと思います。タイル張りのちょっと寒い部屋があって、そこに横たわっていて。布か何かがかけられていたのかな。それで顔を見せて頂いて……。「あ、本当だ、本当だ」って、私触ったのかな。弟は横にいて、ただ息を呑むというか。私も、もう寄りかかるような感じになっちゃって。

第一発見者は婚約者

未和さんの第一発見者は婚約者だった。急に連絡が取れなくなったことを不審に思い、遠方から駆けつけてきた。最寄駅の東急田園都市線「池尻大橋」に着いたのは七月二五日(木)の夜九時すぎ。未和さんが帰宅してひとりになってから四二時間以上が過ぎていた。その間、婚約者が未和さんにかけた電話は三三回。メールも一三通送ったが反応はなかった。

〈本当に心配。大丈夫⁉〉

〈未和、どこにいるの⁉　何かあったの⁉〉

〈今、新幹線に乗ったよ。未和のためなら、どこであっても必ず迎えに行く〉

未和さんの携帯電話に残されたメールから、人生のパートナーに起きた異変を察知し、動揺を隠しきれない男性の想いが伝わってくる。

婚約者は駅から未和さんのマンションまで走った。遠くから三階の窓が見えた。明かりが漏れていた。「部屋にいたんだ。よかった」と、男性は胸をなでおろし、未和さんのポストにたまっていたものをかかえ階段をあがった。

合鍵を使って部屋に入った。弱いながらもエアコンはついているようだった。部屋は広めのワンルーム。奥に向かうと窓際のベッドに人影が確認できた。未和さんだった。タオルケットをかぶっていたので服装はわからなかった。手には赤い色のものが握られていた。仕事用の携帯電話だった。いつもと同じように腕をあげて仰向けになっていた。寝ているのかなと思った婚約者の目に未和さんの表情が映った。「顔色がおかしい」。婚約者はとっさに叫んだ。「未和！　未和！」。しかし、反応はなかった。

婚約者はすぐに一一九番に救急電話をかけた。そして、指示に従い心臓マッサージをした。つい最近、「リングはこれね」と言ってイタリア製の結婚指輪をリクエストしていたという未和さん。ベッドの上の彼女にそのときの笑顔は戻らなかった。

一〇分ほどして救急隊員がやってきた。隊員たちは未和さんを確認すると、男性に向かってこう告げた。「亡くなっています」。そして、「（救急車は）生きている人しか運べないので」と言って、警察車両が呼ばれた。未和さんの死を受け止め切れないでいる婚約者。警察が未和さんをブルーシートに入れて運んでいく間、外に出て立ちすくむしかなかった。未和さんの妹、めぐみさんは警察署の遺体安置所で対面したときの婚約者の姿が忘れられない。

私は一度会っていたので、「あ、彼だ」とわかりました。で、彼もすぐ認識をしてくれて、私は泣き崩れるみたいな感じになっちゃって……。それからはずっと一緒にいてくれました。彼はさすがに言葉少なく、すごく憔悴しきっていましたね。

「Minha filha mais velha morreu！（長女が亡くなった！）」

サンパウロの事務所にいた秘書に緊急の電話をかける守さん。そばにいた恵美子さんは半狂乱の状態になっていた。現地時間午後四時ごろ、やっと通じた国際電話の先にいたのはめぐみさんだった。

恵美子　めぐみは私に向かってこう言いました。「大丈夫よ。未和ちゃん、眠ってるだけだから」って……。「未和ちゃん、眠ってるだけだから。痛がってないよ。だからママ、心配しないで。遠いから、ちゃんと帰ってきて」と……（涙）。未和は最後、何と言ったのかな。「ママ！　ママ！」って叫んだんじゃないかって。もし叫んでいても、地球の裏側だから届かなかったんですよね。

守　ＮＨＫの方は、「どういう状況かわかりません。何が起こったかわかりません。自分たちも、いま連絡を受けたばかりで、死因も状況もわからないです」と話していました。

とにかく、「すぐに帰らなくちゃ」ということで飛行機の手配をして、何とか夕方の便が取れました。サンパウロからパリまで一睡もできないし、パリについても次の飛行機に乗るまで五時間も待つでしょ。結局、成田に着くまで丸二日。本当に気が狂いそうだった。

両親が大西洋上空を移動中だった七月二六日午前、世田谷警察署に関係者が集められた。手狭な部屋に担当の警察官、検死をした監察医、めぐみさん、弟、婚約者、未和さんの先輩記者の六名が座った。家族ではないからという理由で、先輩記者は途中で退室させられた。一通りの説明が終わると、監察医から死因解明のための解剖をどうするか打診があった。そのときのやりとりをめぐみさんが思い出してくれた。

監察医の方から、「解剖するかどうかについて検討できる期間が限られているから、あと何時間かで決めてくれ」という話がありました。そして、「解剖すると元の状態には戻せない」とも。婚約者の方は、「すべて決めてくれていいんだからね」と言ってくれました。私と弟は、両親にそのままの状態を見せるべきだと思ったので、「それ(解剖)は、もういいです」と伝えました。ただ、できる範囲で解明してほしいという話をして、お願いしました。

医師の方が戻ってくると、心臓か肺に水が溜まっていると説明してくれました。あと、心臓の弁が正常ではない動きをしてしまったようだ、と。いま考えると、本当の死因をはっきりさせるためには解剖した方が良かったなと思いますが、やっぱり最後の最後で両親のことを優先させました。

送別会で未和さんを見送ったＮＨＫの関係者は、その後どうしていたのか。

佐戸記者の携帯電話には送別会の日に同僚へ送ったメールが残っていた。

〈七月二三日　一三：四八　林記者へ

局長次長、議会対応が入ってしまい、挨拶は明日になりそうです〉

それを受けてのことだろう。佐戸記者の手帳にはこんな予定が書き込まれていた。

〈七月二四日　一四：三〇～一五：〇〇局長　一五：〇〇～一五：三〇次長〉

都庁クラブの同僚に送ったメールであることから、〈局長次長〉とは東京都の幹部のことに違いない。二三日でリクエストしていたものの、局長も次長も議会対応のためＮＧとなり、挨拶は〈明日〉の二四日になったと想像できる。

都庁クラブの東條キャップは、都の幹部との約束をすっぽかし、二日にわたって顔も見せない佐戸記者のことが気にならなかったのか。ぜひ聞いてみたいと思い、両親と相談のうえ取材申請の手紙を送った。後日、東條氏の携帯電話から筆者にこんな声が届いた。「上司の許可が得られなかったので取材を受けることはできません」。

二四日(水)午後八時、首都圏選挙班が主催する参院選の打ち上げが開かれた。会場は渋谷の松濤にある欧風料理店で、一斉メールで佐戸記者にも参加が呼びかけられていた。出席したメンバーはこの数カ月、選挙の業務で未和さんと苦楽をともにした同僚たちだ。彼女の欠席を気にかける記者はいなかったのだろうか。

一方、音信不通になった未和さんのことを心配した婚約者は、送別会の翌々日の二五日、電話番号を調べ都庁クラブに電話をしている。「佐戸に何回電話をしても連絡がつきません。前の日からずっとです。何か連絡は入っていませんか?」。受話器を取ったのは佐戸記者の同僚、林記者だった。

「佐戸は出社をしていません。異動が決まっているので挨拶回りをしているのだと思いますが。携帯電話の電源が切れているんじゃないですか」

その後、林記者は都庁キャップや他のメンバーに連絡や問合せをすることはなかった。

七月二六日(金)、東條キャップは未和さんの父、守さんの電話番号を調べ、前述の通り伝えた。その後、都庁クラブの川辺記者とともに杉並区にある佐戸家を訪ねた。対応したのは妹のめぐみさんと弟だった。そのときのことを川辺記者が語ってくれた。

私が佐戸さんの家に着いたのは朝の七時半頃です。東條と一緒にきて、私は部屋にあがりました。何が起こったのか理解ができなかったので、ひとまずこちらに向かって来たというわけです。私は前の日が当直明けで、自宅の布団の中で熟睡していたときに電話が鳴ったのですが、最初は本当かと思いましたよね。佐戸さんが亡くなったと聞いて。

めぐみさんから事情を聞いたあと、私は会社に行きました。ニュースセンター一階の首都圏のフロアです。私はそこで、未和さんが過去に関わった上司、部下、先輩や後輩がどこにいるのか調べました。今後、お知らせすることもあるでしょうから調べたわけです。

他の人たちのことは私の口から言う話ではないんですけれど、それは沈痛ですよね。私個人は誰とも話す気が起きなかったというか。そこにいるのが精一杯でしたね。あとで考えると、確かに丸一日、佐戸さんを見てなかったですね。私もずっと思っているんですよね……。結果的に、気づいてなかったですからね。

七月二七日(土)午前九時すぎ、佐戸守さんと恵美子さんを乗せたエールフランス二七六便が成田空港に着いた。サンパウロを出てから約四〇時間が過ぎていた。

第一ターミナル北ウィングの出口には、「佐戸守様」と書いた白いプレートを持つＮＨＫの職員四人ほどが待ち構えていた。職員たちはそろって黒い喪服を着ていた。「何かの間違いであってほしい」と一縷の望みを抱きつつ、やっとの思いでたどり着いた二人に現実が突きつけられた。

二人が連れていかれたのは東京の三軒茶屋にある民間の遺体安置所だった。そこで恵美子さんは変わり果てた娘、未和さんと対面することになった。

恵美子　冷蔵庫の中から、がらがらがらがらと台が引き出されてきて……。冷たくなった未和がね、出てきたんですよ。うううう(涙)。やっぱり本当だったんだと。あああ(涙)。

守　そのあと我々は、未和が検死を受けたところに行って監察医から話を聞きました。でも、機械的に「こうこう」と説明されただけで、何ひとつとして納得のいくものがないんです。

監察医が作成した死体検案書はＡ４一枚の様式だった。そこにはこう記されていた。

〈氏名　　　　　　　佐戸未和　女
死亡したとき　　　平成二五年七月二四日頃
死亡したところ　　自宅

死亡の原因（直接死因）　　　　　　　うっ血性心不全（推定）
発症から死亡までの期間　　　　　不詳
死因の種類　　　　　　　　　　　　病死及び自然死
上記の通り検案する　平成二五年七月二六日　東京都監察医　○○○○　印〉
なぜ、娘は突然死んでしまったのか。その問いに答えてくれる情報はなかった。

目黒、正覚寺

両親が未和さんと対面した日、ＮＨＫから通夜と告別式を知らせる一斉メールが発信された。
〈【ご連絡】葬儀日程　二〇一三年七月二七日一三時四七分
首都圏放送センターの皆様
去る七月二四日に急逝されました佐戸未和記者の通夜と告別式の日程が決まりましたので、急ぎ、お知らせ申し上げます。
【通夜】七月二九日（月）一八：〇〇～
【告別式】七月三〇日（火）一〇：三〇～一二：〇〇
【場所】正覚寺　実相会館
【喪主】佐戸守様（お父様）
よろしくお願い致します。　総合調整　○○○○〉
同様のメールは首都圏管内の各局や、未和さんと縁があった職員にも行き渡った。
葬儀当日、目黒区にある斎場にはＮＨＫ関係者だけで約六〇〇人もの参列者が集まった。斎場は両親と葬儀業社で決めた。「写真やビデオ撮影はどうされますか？」という斎場のスタッフに対し、守さんは「必要ありません」と答えた。

突然の連絡を受けて、未和さんの友人や同僚たちが斎場に駆けつけた。

「体が拒否反応を起こしたのか、あんなに暑かったのに全然汗をかかなくて」（「ＢＳアカデミア」のメンバーだった小浦克俊さん）

「佐戸と対面したとき、言いようのない感覚になって思わず胃酸が出そうになった」（ＮＨＫの先輩記者）

文京二中の同級生、すーちゃんこと須田槇子さんは未和さんの妹、めぐみさんから訃報を受けた。

めぐみさんは未和の携帯電話から私に連絡をしてくれました。斎場ではお母様はもとより、めぐみさんもかなり憔悴されていました。

都庁の前で未和を見送ったのが最後になるなんて……。あの夜、未和は黒いパンツスーツでパンプスをはいて、さっそうとしていました。結婚を控えていたから、髪を長く伸ばしてすごくきれいでした。だから、本当に信じられなくて。

弔辞を読み上げたのは二人のＮＨＫ職員だった。一人目は都庁キャップの東條氏。二人目は未和さんが鹿児島県警のキャップをしていたときに部下として配属された一年後輩の男性記者。後輩が用意した弔辞は奉書紙に太めのペンで手書きされていた。決して達筆というわけではないものの、彼にしか伝えられないエピソードが書き込まれてあった。

一方、東條氏の弔辞は横書きのレポート用紙にボールペンで書かれていた。未和さんが担当した仕事を箇条書きにしたような文章で、誤字をかき消した跡も残っていた。
未和さんの友人たちは葬儀の様子をどう受け止めたのか。一年ほど前、バーベキューの会場で出会った東京都職員の友人(三七)は、未和さんと飲み会の約束をしていた、ちょうどその日に訃報を受けた。信じられないという気持ちのまま通夜に参列した。

お通夜のときに感じたのは、上司の方の弔辞がちょっと表面的かなと。後輩の方の言葉が、「ああ、僕の未和さんに対する印象と同じだ」と思って聞いていたので、なおさら違和感を覚えて。もしかしたら職場のなかで何かあったのかな、と思いました。人間関係として、そこまでのものが築けていなかったのかな、みたいな。

学生時代、テニスサークル「キャノン」で未和さんと一緒に活動した高橋奈美さん(三六)はこう話す。

未和とは卒業式からほとんど会ってなかったので、本当に信じられない気持ちでいっぱいでした。二〇代後半から三〇代って、結婚式で集まることはあってもお葬式で集まるのは本当に嫌だなって思いましたね。
告別式にはすごくたくさんの人が来ていました。なかにはすごく悲しそうにされている方もいましたが、ほとんどの人は真顔というか、私には会社から言われて来てるんじゃないかという感じに見えて。

未和さんと仕事上のつきあいもあったというＮＨＫの職員は、後日、遺族にこう語った。

会場も含めてＮＨＫが用意したのでしょうか。斎場にはうち（ＮＨＫ）の関係者の花輪がずらっと並んでいて。あれを見てぞっとしたんですよね、実は。理事とか報道局長とか日放労とか、うちの会長を含めてだっーとね。そして、東條キャップが佐戸さんのことを、「非常に頑張った記者だった」と話したのを聞いていて、なんというか……。これたぶん、どうしようもないんだけれども、ご家族はどう思っているのかなと考え込んでしまいました。

告別式の最後、未和さんが眠る棺に参列者一人ひとりが花を手向けた。予定の時間が過ぎても多くの人が立ち去ることができずにいた。そのときの様子を守さんはこう話す。

「未和にお別れの言葉を言いたい」、「もう一度会いたい」ということで、若い方たちが大勢残っていました。葬儀が終わったあと、みなさん帰らないんですよ。帰れないんですよ。

結婚指輪と報道局長特賞

帰国した両親が未和さんと面会した遺体安置所。そこに一人の男性が待っていた。未和さんの婚約者、本人だった。

「未和と結婚する気があるんだったら、なぜ見守ってくれなかったんだ」

帰宅後、初対面の婚約者に向かって、父の守さんはこう声を荒げた。婚約者は両親に向かって、「申し訳ありませんでした」と答えた。そして、未和さんと知り合ったいきさつや、最後のときの状況を詳しく伝えた。未和さんへの思いを理解した両親は、葬儀のとき、彼にも家族席に入ってもらうことにした。

「よかったら、これをかけてください」

婚約者はそう言って、音楽CDを一枚差し出した。未和さんが妹のめぐみさんと台湾旅行をしたときに買い求めたクラシック音楽だった。「この曲を聴きながら、未和と二人、部屋で焼酎やウイスキーを飲んでいろんな話をしていました」。婚約者はそう話した。

告別式が終わり、荼毘にふされる直前の火葬場でのこと。未和さんのそばで、婚約者はあるものを取り出した。来たるべき日のために二人で選んでいた結婚指輪だった。葬儀の日程が決まった日、婚約者は一人で店に向かい買い求めた。通夜のあとで未和さんの指にはめようとしたところ、死後の変化でサイズが合わなくなっていた。そこで急遽、購入店でサイズを調整してもらうことにした。

「ダイヤがすごくきれい」と、嬉しそうに話していた未和さん。「式は海外がいいかな。それとも、軽井沢とかにする?」。「新居は自由が丘でどう?」。二人で思い描いてきた夢に、その手が届く寸前だった。

シルバーのリングを持ち直す婚約者。花にうもれた未和さんの左手をそっとつかむと、閉じたまぶたに視線を移した。ブラックダイヤモンドの落ち着いた輝きが未和さんに届いた。ゆっくりと薬指をすべっていくリング。家族の視線が指先に集まる。リングは関節の先に収まった。

せめてもの思い出にと、妹のめぐみさんは未和さんの髪を切って母と分けあった。婚約者は心の中で未和さんに別れを告げた。棺の蓋が閉じられた。恵美子さんは最後まで娘の表情を見つめていた。

やっぱり夏場で暑かったから、傷みも激しかったのよね。だんだん崩れていくんですよ。それをみなさんに見られて未和は嫌だったろうなって。

茶毘にふしたあとのお骨は真っ白でね、本当に細いんですよ。私、親たちを看取っているので知っていたのですが、人生を全うした人のお骨っていうのはグレーで節も太くて。でもね、未和はね、その半分もないくらい細かったんです。真っ白で、本当に細かったの(涙)。

未和さんの死から六日後、NHKは遺族に届け物をした。特製のファイルを開くと、厚手の和紙がはさんであった。そこには役職名を篆書体で彫り込んだ角印が押され、こう記されてあった。

〈報道局長特賞

首都圏放送センター　佐戸　未和殿

第一八回都議会議員選挙は翌月に控えた参議院選挙の前哨戦として各党が国政選挙同様の態勢で臨み、全国的に注目を集めた。社会部・科学文化部・首都圏放送センターの合同取材チームは今回初めて、島部を除く四一選挙区全てで出口調査と期日前出口調査を実施するなど、一二七議席全ての当確を正確・迅速に打ち出し他社を圧倒した。

その結果、自民党が四年前に失った都議会第一党の座を奪還するという劇的な議席の変化をいち早く的確に伝えるなど、参院選をにらんだ分厚い報道を行いNHKの選挙報道の声価を高めた。(中略)

第二三回参議院選挙において、東京都は、定員五人に二〇人が立候補する最激戦区となり全国の注目を集めた。社会部・科学文化部・首都圏放送センターの合同取材チームはのべ二四〇地点の期日前出口調査のほか、二一開票所の大量サンプル調査や各開票所等からの取材票を正確に分析し、無所属の新人の山本太郎氏をサンプル票で、自民党の現職の武見敬三氏を取材票でそれぞれ他社に先んじて当選確実を打ち出した。

綿密な情勢分析に基づく分厚い開票所取材の構築など入念な準備と取材指揮が正確・迅速な当確につながったもので、NHKの選挙報道の声価を高めた。

よって報道局長特賞を表彰する。

平成二五年七月三〇日　報道局長　荒木　裕志〉

6 明らかになった二〇九時間の時間外労働

「それ、過労死じゃないか」

娘の骨を納めた骨箱と報道局長特賞が残された佐戸家の部屋。葬儀をはじめ一連の手続きを済ませた遺族にとって空虚な時間が流れていた。母子手帳に「この子と一生運命をともに」と綴っていた母の恵美子さんは、家に閉じこもり未和さんの遺骨を抱いて過ごすようになった。そして、思いもよらぬ状況を受け止めきれず、夜、ベランダから飛び降りようとしたり自らを傷つけようとした。家族は恵美子さんを見張り、包丁などの刃物を隠した。

なぜ娘は突然死んでしまったのか。家族は手がかりを求めて未和さんが暮らしていた部屋を訪ねることにした。合鍵を使ってドアを開けると部屋は整理されていた。壁際には転勤祝いに贈られたシクラメンと祝電が置いてあった。冷蔵庫を開けると半分だけ使ったエリンギがサランラップで包んであった。冷凍室には小分けしたご飯が入っていた。恵美子さんは「せめて娘のにおいを記憶に留めておきたい」と、未和さんのパジャマを身につけ、部屋のベッドで朝まで過ごした。

父の守さんはテーブルの上に置いてあったものに目を止めた。いくつかの薬だった。「薬が悪さをして娘は亡くなったのではないか」。そう考えた守さんはＮＨＫの担当者に錠剤を託し、医療機関で分析してもらった。結果は、「死につながるようなものは含まれていない」だった。自殺ではない。薬の副作用でもない。では、なぜ亡くなったのか。ある日、悶々としていた両親に向かって未和さんの弟がこんな情報を伝えた。

「職場の先輩に未和ちゃんのことを話したら、その先輩のお兄さんがこう言ったって。『それ、過労死じゃないか。弁護士に相談した方がいい』」

守 早速、次女の会社の顧問弁護士に話を聞いてもらったところ、「過労死であれば過労死に詳しい人がいいだろう」とのことでした。私がインターネットで調べてみると、一人の弁護士の名前が出てきました。そこで、まず電話をかけて話をしたのです。

守さんが電話をした先は、東京の文京区にある弁護士事務所だった。パソコンの検索エンジンで「過労死　弁護士」と入力すると、まっさきに出てくる事務所だった。「川人法律事務所」。いったい何と読むのだろうか。「かわびと」だろうか、それとも「かわひと」だろうか。

事務所のホームページを開くと経歴が書かれてあった。「東京大学経済学部を卒業。一九八八年から『過労死一一〇番』の活動に参加し、現在、過労死弁護団全国連絡会議幹事長。厚生労働省・過労死等防止対策推進協議会委員」。ホームページには「裁判例」のページがあった。「会計システム担当社員の過労死行政訴訟勝訴」、「システムエンジニア労災死亡事件勝訴」、「派遣労働者過労自殺事件勝訴」……、詳報されている二一の案件はすべて勝訴。「講演・ＴＶ」のページには数多くの出演情報が掲載されていた。

守さんからの電話を受けたのは事務員の女性だった。電話はすぐに取り次がれた。川人《かわひと》博《ひろし》弁護士(六九)、本人が受話器を取った。

佐戸未和さんの労災申請を担当した
川人　博弁護士

川人　電話を受けたとき、未和さんが亡くなってからどれくらい経っていたのかな。毎日、非常に多くの連絡がありますからやりとりは記憶しておりません。労災申請の相談だけで一年に一〇〇件くらいお受けしますもので。

私がご両親と初めてお会いしたのはこの部屋でした。ほとんどのご遺族がそうであるように、沈痛な表情だったと思います。労働基準監督署に労災申請をしたいという相談でしたので、何か資料を持って来られたのではないでしょうか。私はずっと事実関係を聞いていていました。

守　先生は過労死問題の第一人者として有名な方ですから、立派な弁護士事務所に何人もの弁護士さんを抱えているというイメージがありました。ところが、行ってみたらびっくりでした。小さな事務所にたった一人でいらして、「この弁護士さん、大丈夫かな」と。でも逆に、こういう方だからこそ信頼できるという気持ちになりましたし、過労死については実績もありました。すぐに、「この人に任せよう」と決めました。

八畳ほどの会議室には机が二つと椅子が八脚。本棚には法律関係の資料がきれいに並べてあった。本棚を背にして川人氏、その向かい側に両親が座った。川人氏から、「とにかく証拠保全をする必要がある」と指示を受けた守さんは、ＮＨＫに対して未和さんに関する資料の提供を求めることにした。

九月一二日午後一時半、未和さんが所属していた首都圏放送センターのセンター長、専任部長、都庁キャップの東條氏が佐戸家を訪れた。守さんの求めに応じて持参したのは以下の資料だった。

勤務記録表三枚（二〇一三年五月〜七月）／乗車日時が記された業務用タクシー乗車券一八枚

ＮＨＫから貸与されていた業務用パソコン一台

一方、未和さんの自宅には以下のものが残されていた。

スケジュールをメモしていたＮＨＫ手帳／取材ノート／主に仕事用に使っていた携帯電話

主にプライベートで使っていたスマートフォン／取材用の小型ビデオカメラ一台

これらの資料をもとに、遺族と弁護士で未和さんの勤務実態を掘り起こす作業を始めた。まず、携帯電話会社に通信記録の開示請求をした。「ニュース７」で参院選リポートを放送した七月一一日には五一回もの発信記録があった。二〇一三年一月一日から七月二四日まで発信総数は二三五八回。発信時刻順に表にまとめると四一ページになった。

弁護士は未和さんが仕事で使っていたパソコンについて、電源を入れた時刻と切った時刻をすべてメモしていった。選挙戦の最中、急に飛び込んできた事件に対応した六月二八日には、一日で一四回のＯＮ／ＯＦＦを繰り返していた。二〇一三年三月一日から二〇一三年七月二三日までの総数は三二九回だった。

家族はメールやＬＩＮＥの内容も見返した。「試写が終わったので今から都庁に行きます」。「日曜日なのに昼から会社へ行くことに」。同僚や友人とのやりとりに含まれるそんな情報から、勤務表に表記されていない労働時間を見つけ出していった。すべての作業を終えるのに三人がかりで三日かかった。妹のめぐみさんはその頃の父の形相を覚えている。

めぐみ　あの頃、父は自分の仕事を抱えながら、それと並行して姉のことをやっていました。血眼になって資料を揃えて細かく計算を続ける姿から、父なりの悔恨であったりとかいろんな思いを感じました。

守　未和が毎日何をしていたか、パソコンや携帯電話から抜き出して整理して書いていって……。我々にとってはそれをすることで気がまぎれるというか、苦しい思いから逃れるような気持ちでした。作業に没頭することで、未和がいなくなったことを忘れようとしていたのかもしれません。

この作業を提案したのは川人氏だった。携帯電話やWi-Fi通信が普及した今日、労働者の勤務状況はタイムカードやゲート通過の記録だけではつかみきれなくなっている。正確な始業時刻や終業時刻を知るにはモバイルツールなど様々な資料の確認が不可欠だ。とりわけ、ＮＨＫをはじめとする多くの報道記者に適用されてきた勤務制度、事業場外みなし労働時間制においてはなおさらだ。川人氏は長年の経験からそう分析していた。

事業場外みなし労働時間制の罠

二〇一三年一一月、ＮＨＫ人事局が渋谷労働基準監督署に提出した書類によると、佐戸未和さんたち報道記者の勤務制度は以下の通りだった。

労働時間制度　フレックスタイム制（事業場外のみなし労働時間制）
所定労働時間（通常）　一〇時〇〇分〜一八時三〇分　八時間三〇分
休憩時間（通常）　一二時〇〇分〜一三時〇〇分　一時間〇〇分
所定休日　完全週休二日制　祝祭日は休日

私たちにとって耳慣れない専門用語、「事業場外みなし労働時間制」とはいったいどんな制度なのか。新設されたのは一九八七年、労働基準法の一部改正が戦後初めて国会で議論されたときだった。当初、適用対象として想定されていたのは外回りの営業職や客室乗務員などだった。

九〇年代半ば、大手メディアの記者にもみなし労働時間制が行きわたったと指摘する人がいる。元共同通信の記者でジャーナリストの浅野健一氏（七〇）だ。一九七二年に入社し社会部、千葉支局、ジャカルタ支局長などを歴任。ＮＨＫ記者の仕事ぶりを近くで見てきたという。

私が入社したころのＮＨＫ記者というのは、警察担当でも長時間労働はやってなかったですよ。ルーティンとして、捜査当局者への夜回り取材をしていたのは朝日、読売、毎日、産経そして地元の千葉日報ぐらい。ＮＨＫの記者は七時のニュースが終わったら夜勤・泊まりを残してみんな帰っていました。

一九八二年、ＪＡＬの飛行機が羽田沖で落ちたとき、報道陣が詰めていたオペレーションセンターでこんなことがありました。ＮＨＫの労務担当の職員がやって来て、「あなた、朝の八時から働いてるでしょ。交代要員が来たから帰れ」と言って、記者を交代させるわけですよ。当時は労働組合もしっかりしていましたから。

そんなＮＨＫが他社との競争に加わり始めたのは、ある大物記者の台頭がきっかけだったと浅野氏は指摘する。一九九四年副会長に就任した元政治部記者の海老沢勝二氏。後に会長となり、テレビ朝日の「ニュースステーション」に対抗して、「ＮＨＫニュース10」を立ち上げた男だ。

海老沢さんになってからガラッと変わるわけですよ。九〇年代半ば、オウム真理教によるサリン事件のころ。ＮＨＫで社会部が力を持ちはじめる時代ですね。それにあわせて、朝日、読売、共同に続きＮＨＫの記者も残業時間制から、部署・担当ごとに手当を支払う職能給に変わりました。

そして、東京の有名大学を出たエリート記者が全国に散らばって、事件事故取材で特ダネ合戦をするわけです。特ダネをとらないと東京の希望する部署に行けない仕組みです。その中に彼女（佐戸記者）は放りこまれたわけですよ。転勤という名の人事評価で、びくびくさせられながら。

佐戸記者が入局した二〇〇五年、「新人記者はとにかくサツ（警察）回り」、「特ダネをかせいで希望の部署へ」がすでに不文律になっていたという。それを証明する資料が彼女の自宅に残されている。

鹿児島局時代に佐戸記者が受け取った名刺の山だ。ファイルに整理されたものだけで四八七枚。一ページ目から警察官や司法・公安関係者のもので埋め尽くされている。左上にK. P.(Kagoshima Police)のロゴがデザインされた鹿児島県警所属警官の名刺は六八枚。鹿児島地方検察庁、鹿児島地方裁判所、公安調査庁、海上保安本部はあわせて三一枚あった。

佐戸記者が使っていた別のファイルには、「ヤサ」と暗号のような文字を交えたタイトルのリストがあった。「県警ヤサ帳」、「一課ヤサ」、「二課ヤサ」、「○○事件ヤサ（警察・検察）」……。リストに書き連ねてあるのは警察官の肩書き、氏名、住所だった。中には、「川沿いの商店に近い棟」などと地理的な特徴を示す書き込みもある。どうやら、「ヤサ」は警察関係者の家捜し（やさがし）を略した隠語のようだ。何十枚ものリストに記された警察官の数は数百人。足を棒にして、夜討ち朝駆けに奔走した佐戸記者の仕事ぶりが目に浮かぶ。

夜の取材は飲み屋で行われることもあった。アルコールを口にしながらも、酔っぱらうわけにはいかないとトイレにいって処理するのが慣例だったという佐戸記者。その苦労話を恩師の下村健一さんが聞いていた。

とにかく、酒に付きあわないと情報が出てこないから飲む。けれど、酔っ払っちゃったらメモを書けないので、トイレに行って指をのどの奥に突っ込んで吐き出しているのです、と。それを毎日のようにやっていたら、前歯が当たる指の関節のところにハキダコができた、という話でした。昭和時代の記者から聞いたような話が、いまだに残っているのか、と驚きました。

そんな警察取材を通してやっとつかんだ特ダネ。佐戸記者の特ダネ報告を見た後輩記者はこんな感想を書き記している。

〈佐戸さんが特ダネを取ってきた時、詳しすぎる報告メモを見て、「特ダネってこういうことなんだ……」と驚愕しました。おかげで、「ＮＨＫは強いね」と他社に言われることが自慢でした。足で稼ぎ、影で努力していることをあとでたくさん知りました。佐戸さんのような記者になりたくて、〇〇でがんばれました〉（『In Memory of MIWA SADO』より）

「使用者の労働時間に係る算定義務を免除し、特定の時間を労働したとみなすことのできる制度」（東京労働局・労働基準監督署）、事業場外みなし労働時間制。その罠にはまってしまったかのように長時間労働を強いられることになったＮＨＫの記者たち。時間外労働や休日労働については、一般職員全員が対象の労働組合、日本放送労働組合「日放労」とＮＨＫの経営が交わした協定「三六協定」が適用されていた。

佐戸記者が亡くなった年の協定書には、「延長することができる時間」は、「一日七時間」、「一か月一〇〇時間」、「一年間六〇〇時間」。「労働させることができる休日並びに始業及び終業の時刻」は、「すべての法定休日一五時間」と書かれている。補足条項として次のような文章もある。

「協会の使命達成のためやむをえない場合（大規模な事故や災害、政治情勢の激変等に対応しなければならない場合）」は、「組合と協議のうえ左記時間をこえて一か月一〇〇時間（中略）、一年間三〇〇時間（中略）を限度に勤務させることがある」

最大一カ月で二〇〇時間、一年間で九〇〇時間まで延長して働かせることが合法化される。さらにそれを超えても、使用者が罰せられることはない。いまや長時間労働の温床と呼ばれるようになってしまった三六協定と事業場外みなし労働時間制。こんな働き方では仕事と家庭を両立できないと、未和さんと同期だった女性記者も職場を去っていった。生前、未和さんは彼女たちの近況について、こんなメールを同僚に送っていた。

〈この前、○○ちゃんが辞めたので何人かで飲んだのよ。○○さんも辞めちゃったし、何だか寂しくなるね。（NHKは）ここ数年は女性記者を四割くらい採用してたのに、来年の入社は二割だよ。辞める人も増えてるみたい。またゆっくり話そう。体調気をつけてね〉

二〇一四年五月、労災認定

二つの選挙を担当していた佐戸記者の勤務実態はどうだったのか。未和さんの家族と川人弁護士が出会って三カ月、渋谷労働基準監督署長に労災が申請された。その中に、未和さんが亡くなる直前の労働時間集計表（一二二、一二三ページに掲載）もあった。そこで明らかになったのは未和さんが亡くなる直前の時間外労働時間だった。発症二カ月前は一八八時間四分。そして、発症ひと月前は二〇九時間三七分。厚生労働省が過労死ラインと定める月八〇時間をはるかに超える数字だった。

二〇一三年一一月一九日、「使用者申立書」としてNHK当局の見解が示された。一〇ページの資料から一部を紹介する。

〈渋谷労働基準監督署長殿

日本放送協会人事局長　○○ ○○　角印　人事局　○○、○○

所属労働者「佐戸　未和」について下記のとおり申立てます。

被災労働者の日常業務　東京都政に関するニュースや番組の取材を行い、放送原稿を出稿。

被災労働者の業務量　一月一日から七月二四日までのニュース原稿出稿本数は七八本。一か月あたり約一一本。一日あたり〇・三七本。
症状出現時の状況、症状の経過等　自宅で就寝中に死亡したため、症状や経過は不明。
前駆症状の有無　（前略）都庁クラブのキャップや同僚記者によると、心臓にかかわる異常については本人から聞いたことはない。また、勤務配慮を要するような体調の不良についても訴えはなかった。
作業環境について　普段の勤務は東京都庁の記者クラブを中心に都庁内部であり、特段の環境の悪さはないとみられる。外での取材時はその時々の気候変化に左右される。
作業環境測定の有無　把握していない。
本件発症の原因についての使用者としての意見
選挙と災害はNHK報道の二本柱となっており、報道部門にいる職員はその重要性を深く心に刻み、公共放送としての使命を達成するため、日々業務にあたっている。六月二三日と七月二一日に行われた東京都議会議員選挙と参議院選挙の業務が続き、全国のNHKの中でも東京都内の選挙を担当している人だけが、大きな二つの選挙を手掛ける状況にあった。
こうした繁忙な状況の中で二つの選挙の報道を成し遂げるために、迅速で正確な当確判定作業等の業務（中略）にあたり、大きな成果を残してくれたと認識している。その中で、同僚の記者と比べて、特に過重な勤務を命じたとは認識していないが、何の前触れもなく不幸にも突然亡くなった事については、私たちも当惑しており、残念でならない〉

未和さんが亡くなった翌年の五月三〇日、佐戸家の玄関にいつものように夕刊が届いた。三面には、「内閣人事局発足　初代長官に加藤勝信氏」の記事。大きな看板を持って微笑む安倍首相の写真が添

労働時間集計表（　6月23日　～　5月25日　）

（発病前（2）か月目）

	労働時間（始業～終業）	1日の拘束時間数	1日の労働時間数	総労働時間数	時間外労働時間数
6 / 23 （日）	12:00 ～ 25:15	13:15	12:15	① 100:38	⑥ = ① - 40 60:38
6 / 22 （土）	10:00 ～ 21:41	11:41	10:41		
6 / 21 （金）	9:00 ～ 25:00	16:00	15:00		
6 / 20 （木）	0:00 ～ 22:12	22:12	21:12		
6 / 19 （水）	10:00 ～ 24:00	14:00	13:00		
6 / 18 （火）	9:30 ～ 25:00	15:30	14:30		
6 / 17 （月）	10:00 ～ 25:00	15:00	14:00		
6 / 16 （日）	8:15 ～ 23:00	14:45	13:45	② 94:23	⑦ = ② - 40 54:23
6 / 15 （土）	10:00 ～ 20:36	10:36	9:36		
6 / 14 （金）	9:00 ～ 23:30	14:30	13:30		
6 / 13 （木）	10:00 ～ 25:00	15:00	14:00		
6 / 12 （水）	9:00 ～ 23:22	14:22	13:22		
6 / 11 （火）	9:00 ～ 26:10	17:10	16:10		
6 / 10 （月）	10:00 ～ 25:00	15:00	14:00		
6 / 9 （日）	10:00 ～ 21:00	11:00	10:00	③ 75:19	⑧ = ③ - 40 35:19
6 / 8 （土）	～				
6 / 7 （金）	10:00 ～ 25:00	15:00	14:00		
6 / 6 （木）	9:00 ～ 23:34	14:34	13:34		
6 / 5 （水）	10:00 ～ 23:00	13:00	12:00		
6 / 4 （火）	8:30 ～ 21:00	12:30	11:30		
6 / 3 （月）	9:45 ～ 25:00	15:15	14:15		
6 / 2 （日）	～			④ 77:44	⑨ = ④ - 40 37:44
6 / 1 （土）	10:00 ～ 20:00	10:00	9:00		
5 / 31 （金）	10:00 ～ 22:00	12:00	11:00		
5 / 30 （木）	0:00 ～ 22:09	22:09	21:09		
5 / 29 （水）	13:45 ～ 24:00	10:15	9:15		
5 / 28 （火）	9:10 ～ 23:30	14:20	13:20		
5 / 27 （月）	10:00 ～ 25:00	15:00	14:00		
5 / 26 （日）	～			⑤ 0:00	⑩ = ⑤ - 0） 0:00
5 / 25 （土）	～				
合　　計		374:04		①～⑤ 348:04	⑥～⑩ 188:04

労働時間集計表（　7月23日　～　6月24日　）

（発病前（1）か月目）

	労働時間（始業～終業）	1日の拘束時間数	1日の労働時間数	総労働時間数	時間外労働時間数
7 / 23 (火)	10:00 ～ 27:00	17:00	16:00	①	⑥ = ① - 40
7 / 22 (月)	10:00 ～ 24:50	14:50	13:50		
7 / 21 (日)	13:00 ～ 26:50	13:50	12:50		
7 / 20 (土)	10:00 ～ 21:15	11:15	10:15		
7 / 19 (金)	10:00 ～ 25:00	15:00	14:00	88:45	48:45
7 / 18 (木)	0:00 ～ 12:30	12:30	11:30		
7 / 17 (水)	12:40 ～ 24:00	11:20	10:20		
7 / 16 (火)	9:00 ～ 23:00	14:00	13:00	②	⑦ = ② - 40
7 / 15 (月)	10:00 ～ 19:00	9:00	8:00		
7 / 14 (日)	12:00 ～ 23:10	11:10	10:10		
7 / 13 (土)	10:00 ～ 21:20	11:20	10:20		
7 / 12 (金)	10:00 ～ 25:00	15:00	14:00	87:02	47:02
7 / 11 (木)	6:50 ～ 25:00	18:10	17:10		
7 / 10 (水)	10:00 ～ 25:22	15:22	14:22		
7 / 9 (火)	10:00 ～ 25:00	15:00	14:00	③	⑧ = ③ - 40
7 / 8 (月)	9:51 ～ 26:56	17:05	16:05		
7 / 7 (日)	11:00 ～ 25:00	14:00	13:00		
7 / 6 (土)	11:00 ～ 20:00	9:00	8:00	92:05	52:05
7 / 5 (金)	10:00 ～ 25:00	15:00	14:00		
7 / 4 (木)	9:00 ～ 23:00	14:00	13:00		
7 / 3 (水)	10:00 ～ 25:00	15:00	14:00		
7 / 2 (火)	10:00 ～ 25:00	15:00	14:00	④	⑨ = ④ - 40
7 / 1 (月)	9:15 ～ 25:00	15:45	14:45		
6 / 30 (日)	10:00 ～ 22:30	12:30	11:30		
6 / 29 (土)	～				
6 / 28 (金)	9:30 ～ 22:30	13:00	12:00	82:15	42:15
6 / 27 (木)	9:00 ～ 25:00	16:00	15:00		
6 / 26 (水)	9:00 ～ 25:00	16:00	15:00		
6 / 25 (火)	10:00 ～ 21:30	11:30	10:30	⑤	⑩ = ⑤ - 0)
6 / 24 (月)	10:00 ～ 20:00	10:00	9:00	19:30	19:30
合計		398:37		①～⑤ 369:37	⑥～⑩ 209:37

えてあった。その頃、集合ポストに一通のはがきが届いていた。差出人は厚生労働省労働基準局労災補償部労災保険業務課と書いてある。中を開くと、遺族補償一時金などが印字された明細表があった。その下に印刷されていたのは、たった二行の文章だった。

〈あなたが請求・申請された保険給付・特別支給金を上記の通り決定したので通知します。

平成二六年五月二三日　渋谷労働基準監督署長〉

守　私どもに来たのは単なるはがき一枚ですよ。労災の遺族補償金がいくらいくらと。まあ、そっけないものですよね。別に理由も書いてなかった。「ああ、過労死と認定されたのか」と。それだけのことですよね。一区切りついたという気持ちだけで、「ああ、よかった」とも、うれしいとも思わなかったですね。

恵美子　その日祭壇に向かって、「未和、労災が認定されたよ」と伝えました。労災が認定されたからといって未和が戻ってくることもないし、悲しみがなくなるわけでもないし。「労災を勝ち取ってよかったね」と言われることもありますが、いろいろ苦労して気をまぎらわせただけのような気がします。

後日、労基署の調査官が作成した調査復命書が両親のもとに届いた。復命年月日は二〇一四年四月三〇日。「総合判断」として、こう記されていた。

〈被災者は長期間にわたって長時間労働に従事したことにより「疲労の蓄積」が生じ、これが血管病変等を自然経過を超えて著しく増悪させ本件疾病を発症させたものと判断でき、本件は労働基準法

施行規則別表第一の二第八号に該当する疾病と認められる〉
労基署に認められた死亡直前ひと月の時間外労働時間は一五九時間だった。

「これは、とんでもないことですよ」

「記者は個人事業主のようなものなのです」

「時間管理ができない記者はエースではありません」

弔問に訪れた上司や同僚から投げかけられる言葉に、未和さんの両親はいたたまれない思いを抱えてきた。そんな遺族に寄り添ってきたＮＨＫ職員がいる。未和さんが亡くなる直前まで、首都圏放送センターでディレクターをしていたＨさんだ。Ｈさんは二〇一三年七月、ＮＨＫの労働組合「日放労」の放送系列書記長になった。直後、思わぬ形で佐戸家と向き合うことになる。その頃の状況について Ｈさんは父の守さんに語った。

Ｈ　告別式の二日後、僕はＮＨＫの総務が用意した部屋に中央書記長と二人で向かいました。そこに「佐戸ちゃん」のお父さんと弟さんがいたのです。目的は組合員が積み立てている「家族サポート」というお見舞金についての説明でした。初めての接触でお金の話をするというのは非常に違和感があって、「これはちょっとまいったな」と思いました。

「労使交渉に向けて、ぜひ遺族の思いを聞いておきたい」と、Ｈさんは佐戸家に足を運んだ。初めての訪問は未和さんが亡くなってから二カ月近くが過ぎた九月一八日だった。父の守さんはその日のことをメモに残している。

守　Hさんは私どもに向かって、「何か要望はございますか」と聞かれました。私は、「特にありません」とお答えしました。私たちの方から何かお願いしたいことはなかったし、ただひたすら悲しみに沈んでいたということですから。

H　その日はお母様が非常に落胆されていたのを覚えています。僕も子どもがいますし、自分の子どもがなぜ亡くなったかわからないようなときに、決して納得はされないよな、と。二度目に行ったときには、「勤務記録を会社からもらって非常にびっくりしている」という話をされていました。それを聞いて、「あ、そうか。（NHKは内部情報を）提示したんだ」と思いました。組合としては労災になる可能性があるな、と思っていたので。

二度にわたる弔問について放送系列の執行委員会で報告をしたHさん。委員長とはこんな言葉も交わしていたという。「亡くなった理由とか、勤務が前月限度超えだったのかとか、過重な勤務があったのか、なかったのかとか。そういうことは後々問題になるから確認しますね」。Hさんは組合から貸与されていた専用のパソコンに記録を残していった。ファイルには、「佐戸未和さんの経緯」というようなタイトルをつけた。

NHK職員の約七割、七千人ほどで構成されている労働組合、日放労。佐戸記者がいたのは本部の放送系列にある二二の分会のひとつ、首都圏分会だった。仲間の死についてHさんが組合員に討議を呼びかけたころ、日放労はかつてない事態に直面することになる。労働基準監督署から臨検という調査を受けることになったのだ。

H　従業員が亡くなってその親族が労災申請をすると、労基署はどういう勤務状態をしているのか調査します。そのことを臨検と言って、まずNHKの経営の方に入りました。その関連として、「組合の認識を聞かせていただけませんか」と依頼があり、その対応を僕がしたのです。そのあと、組合の幹部が集まる会議でこう訴えました。「組合が臨検を受けました。過去にないことです。これは、とんでもないことですよ」。

Hさんは次の年度、放送系列の委員長に就任する。組合の役員として二年間で四度の系列交渉、二度の理事交渉を経験した。佐戸記者が亡くなったときに報道局のトップだった荒木氏と対峙したこともある。「日放労」と染め抜いた赤い腕章を巻いた組合役員は、机の向こう側に居並ぶ経営幹部に向かって訴えた。

「記者の働かせ方についてどう思っているんだ」

「もっと真剣に考えろ！」

報道局長はこう答えた。

「各現場でちゃんと勤労休暇を取らせます」

「泊まり明けで、そのまま取材に行かせるということはやめさせます」

本交渉の場で「佐戸未和」の名が出ることはなかった。記者の勤務について根本的な制度改革を勝ちとることなく、二〇一五年七月、Hさんは制作現場に戻ることになった。「佐戸ちゃん」と遺族に向き合った二年間の記録は専用のパソコンに保存し、次の放送系列書記長に引き継いだ。

「葬儀のときの花輪と家族サポートについての資料はファイルに綴じてあるからね」

書記長にそう伝え、Hさんは日放労の事務室を出た。

過労死家族会との出会い

未和さんの死が労災認定されたあとも、母の恵美子さんは家に閉じこもりがちな毎日を送っていた。その頃、恵美子さんのサポート役を頼まれた人がいる。東京過労死を考える家族の会(以下「家族の会」、「過労死家族会」)の共同代表、中原のり子さん(六二)だ。中原さんは小児科医だった夫の利郎さんを、長時間労働の末に起きた過労自殺で喪った。享年四四。この悲劇を繰り返してはいけないと、二〇〇二年中原さんは家族の会に参加し六〇人ほどのメンバーと励ましあって活動してきた。念願だった過労死等防止対策推進法の制定に道筋がついたある日、自身の代理人でもあった川人博氏から声がかかった。

中原　川人先生から連絡があって、「紹介したい遺族が二人いて、どちらの家族も有名企業で亡くなったんだよ」というお話でした。しばらくして、佐戸恵美子さん本人から電話が入りました。そのときの様子が過呼吸でかなりパニックしていたので、私は「ゆっくり息をしてお水を飲んでリラックスしてください」とアドバイスしました。

最初に恵美子さんに会ったのはご自宅でした。未和さんの話をしたり、私の体験について「それは大変だったわね」と悲壮感いっぱいに語るのですが、涙が出ないんですよ。遺族によってはすぐ涙を流したり、大きな声をあげたりされる方もいるのですが、恵美子さんはとても悲しみが奥深いんだろうな、という印象を受けました。

東京 過労死を考える家族の会共同代表
中原のり子さん

中原さんは知人の協力も得て恵美子さんへのサポートを続けた。食事会に誘ってみんなで未和さんとの思い出について聞いたこともあった。七年に一度の御開帳にあわせて善光寺に出かけ、久しぶりの旅を楽しんでもらおうとしたこともあった。しかし、世間に目が向くにつれ、恵美子さんは喪失感を募らせていった。

中原　しばらくたって、「お加減はどうですか」と連絡をしてみたんです。すると、「いま入院しています」と言われたのでビックリして。娘を亡くし、自分自身のこともわからなくなってしまう状況が続いていたので、そこから立ち直るのは相当に厳しいのだろうなと感じました。

恵美子　その頃はもう、一切の快楽を捨てていました。お酒を飲んで酔っ払って気持ち良くなるとか、食べる楽しみとか睡眠欲とか、おしゃれしたいとか、そういうものがなくなりました。子どもから先にいかれた親というのは息をするだけで精一杯なんですよ。順序が逆なんでね。逆縁というのは本当に苦しいんです。

二〇一六年の秋から翌年二月まで入院することになった恵美子さん。医師からは強迫性神経症などの診断を受けた。重度のうつだった。守さんは個室で療養する恵美子さんのもとに通い、看病を続けた。「また桜が咲いたら一緒にお花見しませんか。もし体調が悪くなったら連絡してください。いつでも駆けつけます」。中原さんは恵美子さんにそう告げて、回復の日を待つことにした。

7 遅れた周知

知らなかった解説委員

二〇一七年、未和さんが亡くなって四度目の春がきた。佐戸恵美子さんは長期の療養と家族の励ましを受けて、心の落ち着きを取り戻した。「またお花見しませんか」と伝えていた東京過労死を考える家族の会共同代表の中原のり子さんは、一年ぶりに恵美子さんと再会した。

中原　あの年の春先、久しぶりに会った恵美子さんは本当に見違えるように明るい表情でした。前とは違って、すごくしっかりしているな、と思いました。そして、私が家族の会のメーリングリストで情報を発信するとちゃんと受け止めてくれるようになりました。

その頃、政府は安倍首相を議長とする働き方改革実現会議において、実行計画のとりまとめに入っていた。その中には、月一〇〇時間未満の時間外労働を容認する案も含まれていた。一〇〇時間未満ということは九九時間五九分も含まれることになる。過労死ラインとして警告されている八〇時間をこえても構わないというわけだ。これでは過労死が合法化されてしまうと、遺族たちは集会を企画して抗議の声をあげていた。

　これまで恵美子さんは集会や講演会へ足を向けるようなことはなかった。しかし、やっと社会復帰ができたいま、同じ境遇にある人たちと交流を広げ、娘を死に追いやった社会と向き合ってみたいと思えるようになっていた。

　三月二八日、政府は働き方改革実行計画を決定した。議論の場は、厚生労働省が主催する労働政策審議会に移っていった。恵美子さんは月に二回のペースで開催される審議会に時間と体調が許す限り通ってみた。会議の場にはメディア関係者も来ていた。いつしか恵美子さんはエンジ色の腕章を付けたＮＨＫのカメラマンや記者のことが気になり始めた。

　六月、慈恵医大で行われた中原のり子さんの講演会場では、ＮＨＫの女性記者に会った。記者は自身が出演する番組、「時論公論　どう進める医師の働き方改革」のための取材にきていた。未和と同世代の女性記者ならば娘のことを知っているだろうと考え、恵美子さんは記者のそばに歩み寄り声をかけてみた。

「ＮＨＫで過労死した佐戸未和の母ですが」

　すると、記者の顔は青ざめ、佐戸記者のことを知っているのか知らないのか、答えなかったという。

　そんなある日、恵美子さんは労働問題を専門とするＮＨＫの解説委員と出会う。厚生労働省九階にある省議室。午前一〇時に始まった労働政策審議会では、労働基準法の改正案についての議論が山場を迎えていた。公益代表委員六名、労働者代表委員七名、使用者代表委員六名、事務局七名のほかに、国会議員、メディア関係者、そして傍聴人。部屋は立ち見状態だった。

　そのとき、過労死家族会のつながりで顔見知りになっていた民進党（当時）の山井和則衆議院議員が恵美子さんを手招きした。そして、「ほら、佐戸さん。ここに座って、座って」と言って席を譲った。

恵美子　そのとき隣を見るとＮＨＫの解説委員の方が座っていました。山井さんは、当然その解説委員が私のことを知っているだろうと思って席を替わってくれたのでしょう。私はその方に、こう挨拶をしました。「佐戸未和の母でございます。お世話になっております」。そうしたら、彼は私を見ながら、どこの女性だろうという表情をしました。

「身近な経済をわかりやすく解説。経済担当の○○○○」と、ＮＨＫの討論番組「解説スタジアム」で紹介されたこともある解説委員。その日は、「ＮＨＫニュース　おはよう日本」に出演し、「安倍政権が導入を目指す脱・労働時間規制のための審議会がきょうからはじまります」と話題をふるキャスターの質問に答えていた。

「この人は私が誰だかわからなかったのだろうか。それとも、自分の同僚が過労死したことさえも知らないのだろうか」。恵美子さんは自分の右隣にいた解説委員に聞いてみた。「すみません。ＮＨＫは過労死のことを盛んにやっていますが、佐戸未和のことはご存知ですよね」。

その瞬間まで、解説委員は佐戸記者の過労死について知らなかった。そして、恵美子さんの前で、「えっ！」と言って固まったという。

「あさイチ」、働き方特集の衝撃

♪君の名を呼ぶリル　シャイなハートがドキドキ

ＮＨＫ放送センター西館一階にあるＣＴ－一一四スタジオに桑田佳祐作詞作曲の「若い広場」が流れた。連続テレビ小説「ひよっこ」第五七話のタイトルは、「谷田部みね子ワン、入ります」。すずふり亭の店主、鈴子（宮本信子）にホール係として働かないかと誘われたみね子（有村架純）は、店の看板娘・高子（佐藤仁美）の最終面接を受けることになった。結果は、「あんみつ、食べる？」。見事、合格だった。

スタジオでモニターを見入るのは、左から順にＮＨＫアナウンサー（当時）の有働由美子氏、歌手の井ノ原快彦氏、ＮＨＫ解説委員（当時）の柳澤秀夫氏だ。午前八時一五分、副調整室のディレクターからキューサインが出た。

井ノ原「おはようございます。六月七日水曜日の『あさイチ』です」

有働「私は高子さん、そうだと思ってました。何となくイメージではお局的だけど、やっぱりその人の本質を見てるんじゃないかと。だから、共感しちゃった」

井ノ原「でも、（みね子さんは）働くことになるわけですけれども、最近働き方についていろんな議論がされてます。きょうは働く人たちの話もあるんですけど、そのまわりにいる人たちも含めた話をしようと」

「ＮＨＫの朝が変わる」のキャッチコピーで二〇一〇年三月に登場した情報番組「あさイチ」。五分間のニュースをはさみ九四分の生放送で、第一部の平均視聴率は二桁をほぼキープ。他局を抑えて同時間帯のトップを張ってきた。この日、恒例の朝ドラ受けに続いて紹介された特集は、「大丈夫？あなたや夫の〝働き方〟」だった。

渋谷の放送センターから西へ六キロ。その頃、佐戸家の食卓にある二七インチのテレビは消えていた。守さんと恵美子さんは朝食の準備をするためキッチンを出入りしている。窓の外は快晴。居間に置いてある写真立ての中の未和さんは風にふかれて微笑んでいた。三五回目の誕生日が近づいていた。

ＮＨＫの一一四スタジオでは台本通りに番組が進行していった。タレントのくわばたりえ氏が、「（夫の帰宅時間について）本当の理想は七時」と自身の経験も踏まえて語り、感極まって涙があふれる場面もあった。番組への反響は大きく、視聴者から寄せられたＦＡＸとメールは二千通に迫る勢いだった。

午前九時すぎ、朝食を終えた佐戸家の部屋。守さんは居間で新聞を読んでいる。恵美子さんがテレビのリモコンを手にしてボタンを押した。普段、この時間帯にＮＨＫを視聴する習慣はなかったが、前夜、ＮＨＫ総合にチャンネルをあわせた状態で電源を切ったためか、たまたまＮＨＫが映った。

午前九時五分、井ノ原氏が、「きょうは家族の働き方をテーマに番組をお送りしています」と切り出した。瀬田アナウンサーは、「仕事への責任とかやりがいということばかりに意識がいったときに、忘れてはいけないのがこの言葉」と言って、胸元にパターンをかざした。ゴシック体で写植された黒い文字が画面いっぱいに映し出された。特に観るともなくテレビを眺めていた恵美子さんの目にも、その文字が飛び込んできた。

〈過労死〉

「きょうも未和がいない一日が始まる」と物憂い気分でいた恵美子さん。思わず画面に釘付けになった。「あさイチ」の副調整室から、この日六本目のＶＴＲが送出された。タイトルは、「大切な娘いま思うこと……」。ファーストカットは部屋で一人、娘の遺影を見つめる女性の姿だった。恵美子さんにとって、いつかどこかで目にしたことのある女性だった。ナレーションが続いた。

〈大手広告会社の新入社員だった高橋まつりさん。月の残業は一〇五時間に及び、過労が原因の労災と認定されました。国は会社に対して強制捜査に乗り出し、働き方のありかたを強く世に問いかけました〉

二分間のＶＴＲが終わり、スタジオの井ノ原氏がこう語った。「お母さんね、本当によくインタビューに答えてくれました。ありがとうございます」。有働氏もとなりでうなずいた。

アナウンサーが続けた。「実は、きょうスタジオにお越しの川人さんは高橋さんの代理人も務めておられます。いまの言葉をどうお聞きになりましたか」。

恵美子さんの目の前によく見知った中年の男性が現れた。娘の過労死認定に携わってきた川人博弁護士、その人だった。「まつりさんが亡くなったのは家族の責任ではないですよ。それは企業の責任ですよ」。パステルカラーに彩られたasaichiのロゴを背負って、川人氏はそう話した。隣に座る柳澤解説委員が神妙な面持ちで眉間にしわを寄せる。

「誰かが未和のことを語り出してくれるのではないか」

恵美子さんはそんな思いを抱き、テレビに向かって身を乗り出していった。

一生懸命になって就職申込書に課題を書き込み、遠い鹿児島でたくさんの人に愛され、横浜への異動を受け入れ燃え尽きた娘。ＮＨＫのことが好きで好きでたまらなかった未和のことを、画面の中のＮＨＫ職員、誰か一人でもいいから思い出してくれないか。

しかし、時計の針は進めども、娘につながるような話は出てこない。恵美子さんは無意識のうちに独り言をつぶやき出していた。

守　そのとき、私は居間で新聞を読んでいました。家内がぶつぶつ怒りながら毒づきはじめたので、「何？　どうした？」と聞いたらこの番組をやっていました。途中から私も見ましたが、有働アナのキンキンと張り切った声がやたら耳障りで、とても全部見る気になれませんでした。「こいつら、未和のことを知ってやっているのか。なぜ、こんな番組をやるのに我が家に一言もないのか」。そんな気持ちがムラムラと膨れ上がり、気分が悪くなったのでテレビを強引に消したような気がします。

「あさイチ」の放送からさかのぼること七カ月。働き方がテーマの番組を見ていたときに、佐戸記者の両親と似たような感覚に襲われた人がいた。日放労放送系列の専従職から報道局のディレクターに戻っていたHさんだ。Hさんが視聴していたのは、生放送のウイークリー番組「週刊ニュース深読み」だった。

二〇一六年一一月五日午前八時四六分過ぎ、天気予報に続いてこの日の特集が始まった。テーマは、「どう防ぐ？　若者の過労自殺　〝会社と社員〟のつきあい方」。冒頭のＶＴＲに登場したのは電通で過労自殺をした高橋まつりさんの遺影と、母幸美さんの記者会見だった。スタジオでは電通の社訓とされてきた「鬼十則」と、高橋まつりさんが過労自殺するまでの年表が大判のパネルになっていた。それを使って四三分間、八人の出演者が徹底討論をするという演出だった。

「これは、完全な天唾だ」

Hさんはとっさに「佐戸ちゃん」のことが脳裏をよぎり、けげんな面持ちで番組の進行を見守ることになった。

九時一五分、大判のパネルが入れかわった。タイトルは、「命守るために　知っておこう！　ワークルール」と書いてあった。パネルには、上半身のイラストにゲストの顔写真を組み込んだマグネットが添えてある。Hさんにとって見覚えのある顔だった。未和さんが亡くなった年、Hさんに電話をかけてきた弁護士の川人博氏だった。

スタジオセットの上座にいた川人氏本人による解説コーナーが始まった。司会の小野文恵アナウンサーやゲストのタレント陣が質問を投げかける。NHKの解説委員が補足説明をする。ゲストの東レ経営研究所・渥美由喜氏が、「抜け道を探して悪いことをしちゃう企業はどんどん摘発して、社名を公表するべきだと思います」と指摘して放送は終わった。

特集を担当したのは、Hさんがよく知る報道局社会番組部所属の後輩ディレクターだった。すぐに彼女のもとへ行き、制作の過程について問うた。

H　どういう経緯で川人さんを出してるんだ？　佐戸ちゃんの弁護士だと知ってたの？

担当ディレクター　知りませんでした。

H　川人さんから、そのことは聞いてないの？

担当ディレクター　聞いていません。

H　まつりさんのことを伝えてるけど、うちらも一緒なんだよ。ご家族のこともあるし、うちの組織のことだってあるし。ちょっと配慮というか、プロデューサーと一緒にちゃんと考えないと。

Hさんによると、その後、担当ディレクターがこの問題について上司に伝えるようなことはなかったという。

引き継がれなかった約束

「あさイチ」の衝撃が冷めやらぬ二〇一七年六月三〇日、佐戸家を一人のNHK記者が訪ねてきた。未和さんの直属の上司で、当時首都圏放送センター都庁クラブのキャップをしていた東條氏だった。定期の管理職異動で地方の拠点局に移ることになったと報告に来たのだ。

未和さんの遺影に手をあわせた東條氏はソファーに腰掛け両親と向き合った。前の年の八月、焼香に来て以来の対面だった。

「○○へ異動になりました。向こうでの生活を楽しみにしています」

両親は東條氏へ、この数カ月NHKに対して憤りを感じるような事態が続いていたと、一つひとつ詳細に語った。そして、遺族の思いをNHK内部に伝え、きちんと回答してほしいと訴えた。それに対して東條氏は、「わかりました」と言った。

両親は自宅の玄関で東條氏に別れを告げた。直後、二人は思わず顔を見合わせた。彼がドアを閉めるとき、なぜか晴れ晴れとした表情をしていたように見えたからだという。このときに感じた胸騒ぎが杞憂ではなかったと、両親はすぐに思い知らされることになる。

未和さんが選挙取材に忙殺された七月が再び巡ってきた。命日を前にして未和さんの同期や同僚だったNHKの職員が焼香にやってきた。「局内で未和のことはどこまで伝わっているのですか」と切り出す守さんに、職員たちはこう答えた。

「実は、ほとんど知られていません。新入社員は全く知らないと思います」

「（電通で過労自殺した）高橋まつりさんの残業時間は知っていても、未和ちゃんがどれほど残業していたのか私たちにも知らされていません」

「きちんと知らせるべきだと上の人に言っても、組織として動かないんです。自分たちも残念に思っています」

七月二〇日、両親は、命日間近なのにNHKから弔問の連絡さえない、と代理人の川人博弁護士に伝えた。「ああ、それはおかしい」と言って川人氏はNHKに連絡をした。すると一時間後、NHKから守さんに電話がかかってきた。「決して忘れていたわけではなくて」と言って、首都圏放送センターの専任部長が弔問の日を伝えてきた。

七月二六日、佐戸家に首都圏放送センターのセンター長と専任部長がやってきた。両親はこの間の経緯について尋ねた。東條氏への伝言はどうなったのか、二人から回答はなかった。両親は自分たちの思いを洗いざらい二人にぶつけた。二人は、「とにかく持ち帰って検討します」と言って帰っていった。

両親は再び返答を待つことになった。しかし、一向に音沙汰がない。やむなく、首都圏放送センター長にあてた手紙を書くことにした。それは次のような内容だった。

〈未和も生きていれば三五歳となり、仕事でも私生活でも充実した人生を歩んでいたと思うと今更ながら哀れでなりません。私達夫婦は以下の二点を心中深く感じるようになり、先日お話しした次第です。

一、未和はNHKの働き方改革の人身御供になったと思っているが、NHK内部では不名誉な案件として表に出さず、記者の名も局内で公表しない方針としたのではないか。（中略）NHK自ら公表できないのであれば、未和の過労死はＮＨＫ内部で隠ぺいされていると考え、私達夫婦として公表する方法をとりたい。

二、過労死に関わるＮＨＫの番組制作の現場で取材、編集、放送に携わっている方々は、同じＮＨＫの記者が過労死で亡くなった事実を知った上で番組を作っているのか。（中略）過労死番組報道の前に一言連絡があるだけでも私達は救われるが、それすらないのは遺族に寄り添う気持ちが全くないように見受けられる。

かけがえのない娘を突然奪われた私達の叫びに真摯に対応し、納得できる回答が戴けることを心から望んでいます〉

八月二五日、センター長と専任部長がやってきた。「あまりに連絡がないので、我々はこの手紙を出そうと思って準備していました」と、両親は二人に手紙を渡した。「私達夫婦として公表する」。その手紙を目にしたときから二人は真剣になって遺族の意思を受け止め始めた、と守さんは言う。

ＮＨＫ理事、報道局長との面会

未和さんの訃報を聞いてから四年と二カ月が過ぎた九月二六日、渋谷のＮＨＫ放送センターに両親の姿があった。二人を迎えたのは首都圏放送センター長と専任部長だった。午後一時前、正面玄関のゲートを通りエレベーターホールに向かう四人。社員食堂が近いのだろうか。語らいながら歩く職員の集団が目につく。

「理事からご挨拶をさせていただきます」と言って、センター長はソファーのある部屋に両親を招き入れた。そこには四人の男性が待ち構えていた。少し面長で温和な感じの男性が二人のもとに歩み寄る。「専務理事で放送総局長をしております○○です」。

次は、丸メガネをかけている男性だ。「理事で報道局を担当しております○○です」。

やや長身で人の良さそうな男性が名乗る。「理事の○○でございます」。

最後は、貫禄のいい丸い目をした男性だ。「報道局長の○○です」。

間髪を容れず専務理事、そして報道局担当の理事が話し出した。

「未和さんのことについては誠に申し訳ありませんでした」

「NHKとして非常に重く受け止めています」

守　このときが我々にとってNHKからのはじめてのお詫びでした。幹部と対面していたのは三〇分くらいだったでしょうか。言葉自体はとても丁寧で、お詫びと再発防止の決意を繰り返していました。

その後、両親は別の会議室に招かれた。そこには多くの職員が集まっていた。取材センター長、ニュース制作センター長、報道番組センター長、報道局専任局長、「ニュースウオッチ9」編集長、「おはよう日本」部長、政治部長、経済部長、社会部長、科学・文化部長、国際部長、選挙プロジェクト事務局長、政経・国際番組部長、社会番組部長、映像取材部長、映像制作部長、スポーツニュース部長、スポーツ番組部長、解説委員長、首都圏放送センターほか各部の副部長、プロデューサーなど合わせて六〇名ほどの管理職だった。

「『働き方改革の推進に向けて』研修会」という名の会議がはじまった。冒頭、報道局長がパワーポイントを使ってレクチャーした。未和さんの人となりや記者としての業績、亡くなった経緯について十数分間ほどの説明だった。続いて、守さんが約二〇分、恵美子さんが約一五分、未和さんとの思い出や娘を喪った悲しみ、そしてNHKに対して募る不信感について語った。

「未和が生まれたのは私が三一歳のときでした。結婚し最初の子どもである未和が生まれ、人生今からと高揚感にあふれていました。その同じ三一歳で未和は突然この世から去ってしまいました。なぜ未和が突然死んだのか。何か予兆はなかったのか。避ける手立てはなかったのかと、未和の遺影と遺骨に問いかける毎日です」(守さん)

「(未和が都庁クラブに異動した)当時、NHKの朝ドラ『おひさま』があり、その主題歌がまさに未和のイメージにぴったりでした。その歌を聴きながら、もう少しで結婚が決まっていた未和の手伝いができると思っておりました。もう、この曲を聴ける日はなくなりました」(恵美子さん)

そのとき守さんは、会議室のあちこちで目頭を押さえる人の姿に気がついた。

みなさん、私たちの話を神妙に聞いていましたね。何名かの方は泣いていましたよ。(首都圏放送)センター長なんか、最後の講評のときに嗚咽して言葉が出なかったです。

一方、恵美子さんの受け止めはこうだった。

最初幹部の人たちは、「おじさんとおばさんが、こんなところに何をしに来たんだ」というような顔をしていました。いきなり上から呼び出しがあって、鳩が豆鉄砲をくらったような。突然、未和のことを知らされてぎょっとしたんでしょう。驚きの表情をされていた方が結構いましたね。

「社員の過労死に対して誰もおとがめなしということは普通の会社や組織ではないと思いますが、ＮＨＫでどなたか責任をとられたのか。何か処分があったのか。私たちは何も知らされていません」

そんな守さんの疑問に対して、答えようとする人はいなかった。最後に首都圏放送センター長が、「どなたか質問はありませんか」と全員に向かって問いかけた。手をあげる人はいなかった。

帰り際、正面玄関のあたりで守さんはセンター長から声をかけられた。

「公表に向けた話をしたいと思っております」

このとき初めて、「公表」という言葉がＮＨＫの側から提示された。守さんはこう返した。

「それはＮＨＫ自らでやってほしいというのが我々の希望です」

センター長は「わかりました」と答え、手配したハイヤーに乗り込む両親に向かって一礼をした。

8 突然の公表

「我々プロに任せてください」

報道局を中心とする管理職への周知を終えたＮＨＫは、社内で起きていた過労死案件の公表へ向けて大きく舵を切った。急遽結成されたプロジェクトのコアメンバーは四人。編成局計画管理部長、人事局専任部長、広報局広報部専任部長、総務局法務部が委託した民間の弁護士だった。与えられた任務はただひとつ。ＮＨＫの完全なイニシアティブのもと、他社の動きを警戒しながら公表にむけた準備を行うことだった。

「『働き方改革の推進に向けて』研修会」から二日後の九月二八日、プロジェクトルームとなった会議室に両親が招かれた。午後三時半、打ち合わせが始まった。ＮＨＫの担当者は、「まずご両親のご希望をお聞かせください」と問いかけた。そのときのやりとりについて恵美子さんはこう話す。

私、質問したんです。「たとえば、朝のニュース、昼のニュース、夜のニュースと順に、五月雨式に未和のことを流されるのですか。それとも、検証番組みたいなものを作られるんですか」と。我が家にとってかけがえのない娘なので、ＮＨＫはいいかげんな報道の仕方はしないだろうという期待感があったんですね。

そうしたら、「いやいや、それ（検証番組）はやりません。そこは我々プロですから、プロに任せてください。きちっと外部周知します」と言い切られたんですね。

守さんはこう語る。

「僕らはプロの集団だからプロに任せてください」と家内に言ったのは編成局の部長です。彼は、「ＮＨＫでまず公表のドラフト（草稿）を作ります。それに基づいて話をしましょう」と提案してきました。それを聞いて、我々の意向をくんだ公表をしてくれるだろうなと思いました。

一〇月三日午後八時、ＮＨＫ放送センター四階の編成局計画管理部の部屋に一人の職員がいた。先週、佐戸記者の両親と対面した元社会部記者のＩ氏だ。医療分野のスペシャリストで、手術ミスを隠ぺいしていた大学病院に初めてカメラを入れ、記録改ざんの実態を暴いた。その功績によってジャーナリスト個人の活動を顕彰する著名な賞を受賞している。

両親を見送ってから五日間、Ｉ氏は関係各署を飛び回り公表案の調整を続けていた。担当弁護士による一言一句の精査も受け、いまメールの本文を書いているところだ。

〈佐戸　守　様

遅い時間になって大変恐縮ですが、「公表に向けた考え方案」および「ほかのメディアからの問い合わせに答える場合の主な説明案」をお送りいたします。これまで、守様、恵美子様からうかがったお話を踏まえてまとめさせていただきましたが、まだまだ至らない点もあろうかと存じます。あすお越しいただいた際には、改めてご意見をうかがい、さらに精査していきたいと考えています。（中略）各メディアの動きも大変気になる状況ですので、何卒よろしくお願いいたします〉

添付するのは二つのファイル。まずは推敲に推敲を重ねた「公表に向けた考え方（案）」だ。

〈平成二五年七月、ＮＨＫ首都圏放送センターの佐戸未和記者（当時三一歳）が都内の自宅において病気で亡くなり、翌年五月に渋谷労働基準監督署から長時間労働による過労死と認定されました。労基署から法律違反の指摘はなく、ご両親の代理人からの外部への公表は望まないという意向を尊重してきました。

今年のご命日以降、ご両親と話し合う中で、ＮＨＫとしては、佐戸さんの死をきっかけに取り組んできた働き方改革を一層推進するために、二度と同じようなことを起こしてはいけないという意識をあらためて組織内で徹底するとともに、外部への公表が必要だという判断に至りました。（中略）ＮＨＫは今後も引き続きご両親の協力も得ながら改革をすすめていきます〉

これで両親に納得してもらえれば、報道端末に流し込んでそのままアナウンサー原稿として放送に出せる。もう一つのファイルは、「メディアからの取材に対する主な説明（案）」だ。質問を受けそうな点について、こんな説明を施した。

- 当時、事業場外みなし労働時間制を適用していたため、時間外労働時間という概念がなかった
- 労基署からＮＨＫに対し、法律に違反しているといった指摘はなかった
- 両親の代理人から、「外部への公開は望んでいない」と聞いていたうえ、プライバシーにも配慮して公表していなかった

・労災認定後の平成二六年八月、首都圏放送センターの責任者がご両親に謝罪した

午後八時三六分、Ｉ氏は佐戸守氏にあてたメールの送信ボタンを押した。

その頃、佐戸家の部屋には沈鬱な空気が流れていた。ＮＨＫから送られてくるはずのドラフトが一向に届かなかったからだ。一人で留守を預かっていた恵美子さんは、しびれを切らして食卓に座り込んでいた。

ＮＨＫは、「三日のうちに徹底検証したドラフトを送ります」と言っていました。なのに、待てど暮らせど何も来ません。私一人でやきもきしていたところ、夜の八時半を過ぎてやっとメールが来ました。

それを見たときに私は体の震えが止まらなくなって。たった一枚の紙にペロンと、まるで小学生の作文のような言葉が並んでいたもので。「未和さんは病気で亡くなった。我々は法律違反をしていない」。これがプロの仕事かと。

外出先から戻った守さんは、早速二つのファイルに目を通した。「これは余りにもＮＨＫにとって都合のいい内容になっている」。そう感じた両親は翌日、再びＮＨＫへ足を運ぶことになった。

一〇月四日午後一時半、守さんはＮＨＫのプロジェクトルームに着くやいなや、メンバー四人に抗議し、特に問題だと感じたところについて説明した。

・ＮＨＫ案は長時間労働によって過労死を引き起こした責任から逃げようとしている

・「ご両親の代理人から外部への公開は望んでいないと聞いた」、「プライバシーにも配慮して公

表してこなかった」というのはＮＨＫで過労死の事実を伏せておくための詭弁だ
・「平成二六年八月両親に謝罪」とはおためごかしの言い訳で、実際はお悔やみと焼香に来ただけだった

守さんは自分たちなりの公表案を提示した。それをＮＨＫで検討することになり、再度話し合うことで打ち合わせを終えた。帰宅した両親にＮＨＫから電話がかかってきた。受話器を取ったのは守さんだった。

確か四時半くらいだったと思いますが、家に帰ってくるとＮＨＫから電話がありました。「いま何社かメディアが取材に入っています。佐戸未和さんの件で」と、少しあわてたような口ぶりでした。それでもって、「ＮＨＫとしてはきょうの九時から出したい」という話がありました。唐突な話でしたが私たちの希望は伝えたので、「わかりました」と返事をしました。そうしたら、この放送がバンっと出てきた。

一〇月四日、「ニュースウオッチ９」

「ここまで気象情報でした。続いて『ニュースウオッチ９』です」

ＮＨＫ放送センターの北館二階にあるニュースセンター。一〇月四日午後九時、Ｂスタジオのフロアディレクターが、この日のオーダー表を片手にキューサインのタイミングを計っている。メインモニターに中継映像が映し出された。東京の夜景だった。

自宅でテレビを観ていた両親は、「未和のことはどんな映像で伝えられるのか」と、固唾をのんで

見守っていた。

中継カメラがゆっくりとズームインしている。満を持してフロアディレクターがキューサインを送る。桑子真帆キャスターがコメントを読み始めた。

「さあ、手前、東京タワーの向こうに見えてきたのがまん丸としたお月様です」

有馬嘉男キャスターが相槌を打つ。

「今夜は中秋の名月ですよね。いいですね〜」

二人のキャスターが笑顔で登場した。放送局におけるお詫び報道の定番とされてきた〝冒頭での処理〟はなかった。

この日、NHKの報道局では佐戸記者過労死問題についての周知作業が行われていた。招集のため記者に送られたメールのタイトルは、「【重要】働き方改革の勉強会を開きます」だった。午後七時半、北館地下一階の第四会議室でレクチャーをはじめたのは当時の社会部長。今夜の「ニュースウオッチ9」で公表することを記者に伝えた。集まった二〇名ほどの記者のなかには、自分の会社の記者が過労死していたことを知らない人もいた。「なぜ、今になって公表するのか」などと、厳しい質問が飛び交ったという。

送出卓の周辺には人だかりができていた。傾斜をつけて設置されたモニター群の一つに、この日のオーダー表がせり上がってくる。ニュース項目はこう組み込まれてあった。

衆院選に向け各党は／与党実績訴え／希望二次公認発表／亀井静香氏　政界引退へ
ラスベガス銃乱射新事実／五輪・パラに難題　大腸菌？／柏崎刈羽原発〝事実上合格〟

VTR「与党実績訴え」の冒頭、一分近くにわたって安倍首相の演説が流れた。小池都知事のぶらさがりは二度にわけて放送されるなど、番組の一〇分過ぎまで政治ネタが続いた。その頃、民放各局は秋の特番を放送していた。ニュースに飽きた視聴者が次々とチャンネルを変えはじめる。視聴率が取りにくい原発ネタが終わった。時間は九時三〇分をこえている。スタジオのカメラが有馬キャスターのワンショットに切り替わった。画面の下に太文字のテロップがせり出した。

〈ＮＨＫ　記者の過労死を公表〉

「あっ」

自宅のテレビに向かって恵美子さんは小さく声をはきだした。有馬キャスターはうつむき加減になって息を吸い込み、原稿を読み上げた。その間にテロップが切り替わった。

〈ＮＨＫ〝働き方改革をさらに徹底〟〉

ＶＴＲが始まった。ＮＨＫの腕章をつけ、取材現場でリポートをする未和さんの写真が映った。右上に「平成二三年」、下のところに「ＮＨＫ首都圏放送センターに勤務　佐戸未和記者」と文字が出た。ナレーションはこうだった。

「ＮＨＫ首都圏放送センターに勤務していた佐戸未和記者は四年前の平成二五年七月、自宅でうっ血性心不全で亡くなり、翌年五月、渋谷労働基準監督署から長時間労働による過労死と認定されました。当時、東京都庁の担当で都議会議員選挙や参議院議員選挙などの取材にあたり、遺族の代理人によりますと、亡くなる前の一カ月間の時間外労働はおよそ一五九時間と認定されたということです」

映像がＮＨＫの建物になった。ナレーションが続く。

「ＮＨＫは佐戸記者の過労死をきっかけに、記者の勤務制度を抜本的に見直すなど働き方改革を進めていますが、二度と同じようなことを起こさないという意識を組織内で共有し、改革の徹底を図るため全職員に伝え、外部に公表することが必要だと判断しました。

佐戸記者の両親は、『四年経った今でも娘の過労死を現実として受け入れることができません。志半ばで駆け抜けていった未和の無念さ、悔しさ、遺族の悲しみを決してむだにすることなく、再発防止に全力を尽くしてもらいたい』と話しています」

スタジオに戻って有馬キャスターが続けた。

「このことについてNHKのコメントです。『ともに公共放送を支えてきた仲間が亡くなり、過労死の労災認定を受けたことを重く受け止めています。このことをきっかけに記者の勤務制度を見直すなど働き方改革に取り組んでおり、職員の健康確保の徹底をさらに進めて参ります』」

VTRのあと受けや桑子キャスターとのやりとりはなかった。遺族はもとより代理人や専門家へのインタビューもなかった。NHK会長や報道局長が出演することもなかった。放送尺は前説二五秒、VTR一分二七秒、コメント読み上げ二四秒、合計二分一六秒。ニュース項目は次へ移り、スタジオの大型スクリーンに原っぱで草を食む動物が映し出された。

「なんじゃ、こりゃ！」

佐戸未和さんの先輩で、四年前、NHK記者としてはじめて彼女の亡骸に対面したJさんは、「ニュースウオッチ9」放送の一〇分前、佐戸守さんから電話を受けていた。「これから、未和のことについてNHKが放送します」との連絡だった。赴任先で番組を観ていたところ、想定外の内容に思わず驚きの声をあげた。

全国のNHK記者が報道端末をたたき、記事を検索した。原稿のタイトルは「NHK　記者の過労死を公表」、「作成部局」は「首都圏」、「作成者」も「首都圏」になっていた。「作成者」欄には通常、記者の個人名が記入される。「首都圏」という部局の名が付けられたということは、管理職が協議して練り上げた特別な原稿であることを意味していた。

原稿の「処理日時」は、「一〇月四日二〇時五一分」。その時間までは、〝労働問題〟というようなダミーのタイトルだった。パスワードが設定され、一部の記者以外は中を見られないようになっていた。内容について横やりが入らないよう防御されていたという。

学生時代にTBSの「BSアカデミア」に通い、未和さんとともに番組作りを経験した小浦克俊さん(三七)は、先生役だった下村健一さんから放送について知らされていた。

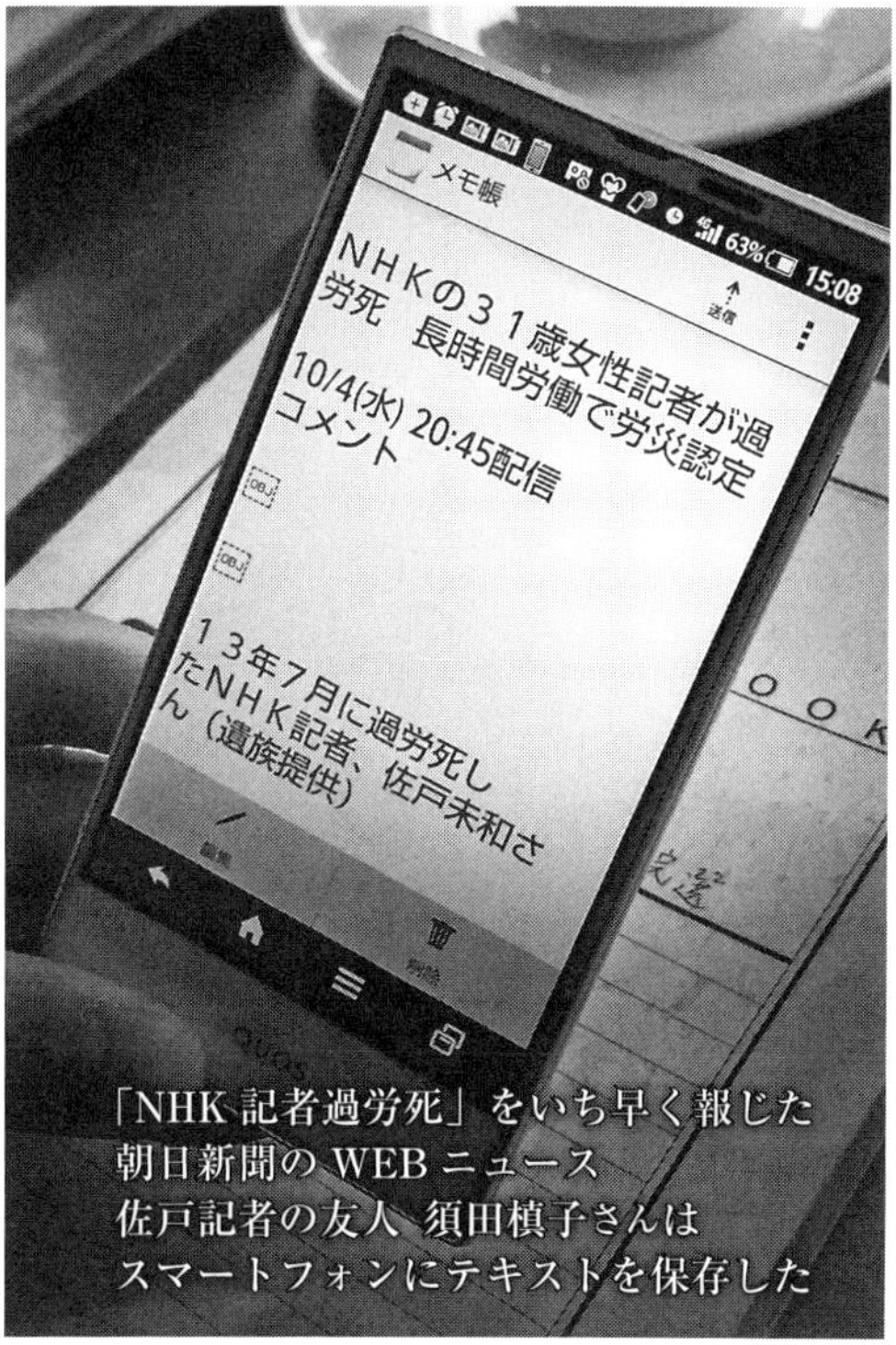

「NHK 記者過労死」をいち早く報じた
朝日新聞の WEB ニュース
佐戸記者の友人 須田槙子さんは
スマートフォンにテキストを保存した

(「ニュースウオッチ9」を観て)「短いな」と感じました。せめて、もう少し詳しい説明があってもよかったのでは、と。本来、公表するのであればトップニュースで伝えるはずの内容だけれども、中途半端な時間に放送されたのも残念でした。

NHK記者のKさんは自宅で「ニュースウオッチ9」を観ていた。

「なんで今なのかな?」と思いました。過労死認定された二〇一四年五月の段階でやっても良かったのに、と。私の妻はこう話していました。「NHKは電通報道にあれだけ力を入れていたのに、自分の足元の話はしてなかったんだね」。

未和さんが新人のときから長く接してきたNHK記者OBのEさんも放送を観ていた。

「ニュースウオッチ9」を観ていて、「やっぱり出てきたな」と思いましたね。放送時間も尺も中身もこれが限度なんだな、と感じました。これがうち(NHK)のギリギリだな、と。

午後九時五一分、Yahoo!ニュースはヘッドラインで「NHK記者過労死　残業一五九時間」と伝えた。このWEBニュースで公表について知ったという人は多い。学生時代、未和さんのクラスメイトだった中村聖子さん(三六)もその一人だ。

突然ああいう報道があって、すごくびっくりしたし複雑な気持ちでしたね。未和の生い立ちも知らず触れあったこともない人が、あの事実に対していろんな意見をネット上に書き込むわけじゃないですか。過労で亡くなったことを純粋にかわいそうだって言う人もいましたけど、人によっては「いい会社に勤めて年収もそこそこもらってるんだから、辞めたいんだったら辞められたじゃないか」みたいなことを書いていたりして。そんなの、放っておけばいいんですけど。言葉を選ばずにいえば、「お前に未和の何がわかるんだ!」みたいな気持ちになりました。

「ニュースウオッチ9」で未和さんのニュースが流れたあと両親はテレビを消した。あの日の放送について恵美子さんはこう振り返る。

夜の九時半という時間帯は、ちょっと視聴率が落ちるらしいんです。その時間に流してしまって、帳面を消したということだったらしいんですけどね。

ちょうど選挙が迫っていたので、当然世の中の流れとして、昔の出来事については関心が薄まっていくと。そこをＮＨＫは読んでいたわけでしょう。確かにそのあとも選挙、選挙、選挙。選挙の話題一辺倒で、娘のことについて世間の関心は薄くなっていきましたね。

一〇月六日、ＮＨＫの上田良一会長が佐戸家にやってきた。午前一〇時、秘書室長ら三人を従えての訪問だった。上田氏は未和さんの遺影に向かって手をあわせ、線香をあげた。そして、両親に向かってこう言った。

「心からお詫び申し上げます。再発防止と働き方改革に全力を尽くします」

滞在時間は約四〇分。その間のやりとりについて両親はこう語る。

恵美子　会長が来られておっしゃるには、「自分は知らなかった。初めて聞いて、ご両親の思いは察するに余りあるので飛んできました」と。ところが、あとで知ったのですが、あの方は未和が亡くなったときＮＨＫの監査委員だったんですね。

守　だから、立場上彼は知っていたんですね。労災認定を大変重く受け止めていると言われたが、未和の過労死を知っていながらＮＨＫの最高機関である経営委員会には報告もしていなかったんです。

ＮＨＫから届いた警告

「トゥトゥトゥトゥトゥトゥトゥトゥトゥトゥ」

「ニュースウオッチ９」で未和さんのことが公表される前日、皇居の吹上御所から五〇〇メートルのところにある事務所でＦＡＸの送信が始まった。東に英国大使館、南に武者小路実篤の生誕地をのぞむビルの最上階。午後五時すぎ、ＦＡＸから送信済みの文書が出てきた。そこにはこう記されていた。

〈先生がご担当されていた佐戸様の件につきまして申入書をお送りさせていただきます〉

二枚目の文書も順調に流れている。宛先が見えてきた。「弁護士　川人博先生」とある。次の行は差出人の肩書きだ。こちらは、「日本放送協会代理人」となっている。続いて、大きな役職印と二人の弁護士の名があらわれた。一人はめがねをかけた中年の女性。企業の人事や労務管理の相談・訴訟対応を専門としている。もう一人は、まだ幼さが残る若い男性。都内の有名私立大学を卒業し、企業法務に関する著作もある。ＮＨＫが危機管理のために委託契約をしている〝お抱え弁護士〟数十人のなかの二人だった。

ＦＡＸから本文が一行ずつ顔を出す。

〈貴職が代理人を務められた佐戸未和様の件につき以下のとおり申し入れいたします。（中略）

この度、日本放送協会では、「過労死家族の会」で活動を行いたいとするご両親の強い要望を踏まえ、その想いに真摯に応えるため、ご両親の意向を尊重して、佐戸未和様の件について公表することを検討しております。（中略）

日本放送協会といたしましては、上記調停を重要なものと考え、働き方改革に取り組んでおりますが、ご両親におかれましても今後とも調停条項を遵守いただきますよう、貴職からご両親に対して十分にご説明ください〉

調停遵守という言葉を使ってNHKの代理人は何を伝えてきたのか。申入書には、NHKと両親が交わした和解調停の非開示条項をたてに、会見などを行う場合はNHKの事前了解を得るよう記されてあった。また、処分や謝罪などを求めることも調停違反だと書かれていた。

合計三枚の文書はそこから北東に約四キロ離れた川人弁護士事務所に届いた。NHKが突きつけてきた警告を目のあたりにして、川人氏は憤りを隠せなかった。

「こういう文書がNHKの弁護士から来ていました」

川人氏は守さんにそう伝え、NHKに抗議のFAXを送った。「申入書の解釈は調停条項を不当に拡大解釈している」との訴えだった。川人氏からの知らせを受けて、守さんはNHKで起きていた表と裏の動きについて察知することになった。

守　私たちと公表に向けて対応している裏で、NHKは調停を担当した弁護士に問い詰めたのでしょう。「お前たち、佐戸さんのことはちゃんと調定して黙らせたはずじゃないか。なんで、今さらこんなことになってるんだ！」、と。和解が成立したことで向こう（NHK）はすべて伏せておけると考えていたのでしょう。

調停を選んだのは労災が最終的に確定したあとのことです。とにかく早く終わろうと。そうしないと精神的につらくて、このまま奈落の底に落ちていくような不安がありましたので。やむをえない選択である調停を逆手にとって脅してくるのかと、強い怒りがありました。

公表を受けて全国紙は「ＮＨＫ記者過労死」の記事を掲載した。ＮＨＫのコメントについてはこう報じた。

〈ＮＨＫ広報は朝日新聞の取材に対し、「当初は遺族の側から公表を望まないとの意向を示されていたので、公表を控えていた。佐戸さんの死をきっかけにした働き方改革を進める上で、外部への公表が必要だと判断した」としている〉（一〇月五日、朝日新聞）

〈ＮＨＫは一四年六月一〇日、佐戸記者の両親の代理人を通して労災認定を把握したが、三年以上たって発表した理由を、両親が当時、外部への公表を望んでいなかったから、などとしている〉（一〇月五日、読売新聞）

〈上田会長は「代理人から両親が公表を望んでいないと聞いていた。その後、両親の考えが少し変わったと報告を受け、真摯に対応するよう指示した」と説明した〉（一〇月六日、毎日新聞）

ＮＨＫは、メディアに向かって、公表してこなかったのは両親の意向だとする代理人の言葉を発信し続ける。法律違反はしていない、早くに謝罪をしていたとも主張する。会長も自分は知らなかったと話す。和解調停をたてに、会見一つにも条件を付けてくる。いくつもの曲解や圧力に耐えかねて、両親は記者会見を開き自分たちの口で事実を伝えることにした。

抗議の記者会見

一〇月一三日午後一時、霞が関の中央合同庁舎第五号館。その九階にある厚生労働省記者クラブに佐戸守さん、恵美子さん、川人博弁護士が並んだ。ここは、未和さんの考課表に「異動させたい部所」として記入されていた「報道・取材センター社会部厚生労働省」だった。

会場からあふれるほどの取材陣を前に会見が始まった。両親の意向で撮影は禁止となっていた。

「佐戸未和の父です」。守さんが話し始めた。

「私たちの長女、佐戸未和の過労死については、一〇月四日にNHKから公表があり、各メディアからNHKの発表内容に基づいた報道がされてきました。しかし、私たちの思いが正確には伝えられていないことや事実誤認もありますので、私たち夫婦の口から直接お話をさせていただいたほうがよいと考えて、本日お集まりいただきました」

会見は一時間半に及んだ。両親は九月二六日にNHKで語った内容にそって話を進めた。そして、守さんはNHKの謝罪をめぐる経緯や勤務管理の認識について問題提起をした上で、公表に関する見解を説明した。

「未和が亡くなった当時は、娘を突然失った悲しみで公表するとかしないとか考えたこともありませんでした。NHKが言うように、両親が公表を望んでいないという事実はありませんでした」

記者から公表をめぐる見解の違いについて質問が相次いだ。川人氏はこう断言し、NHKに対して抗議した。

「私がＮＨＫに対して、ご両親が公表を望んでいない、というようなことを言った覚えはありません。もちろん、私が公表しないでほしいと言ったこともありません」

会見には東京過労死を考える家族の会の仲間も同席していた。メンバーの一人は公表をめぐる三人の発言を印象深く聞いていた。

あの記者会見で守さんは、「私は最初から隠すつもりはありませんでした。川人先生がＮＨＫ側と何があったのか、私は知りませんけど」みたいな感じでおっしゃっていて。私もその場にいてドキドキしながら聞いていました。私は、川人先生がＮＨＫの弁護士さんから相当ねじこまれたという話は聞いていたので、そこまで言っちゃうんですか、と。川人先生は、「いや、それはない」と明言されましたけど。

朝日新聞はこの日の会見に対するＮＨＫのコメントを、一〇月一四日付朝刊で伝えている。

〈労災認定後に責任者の謝罪がなかったと両親が考えている点について、ＮＨＫ広報局は朝日新聞の取材に「ご両親のお言葉は重く受け止めている」と回答。四年余り公表しなかった理由については「ご両親の代理人から、当初から公表は望んでいないと聞いていた」と改めて説明した〉

謝罪や勤務管理をめぐるやりとりについてはある程度事実関係が明らかで、会見後、ＮＨＫからの反論もなかった。しかし、公表をめぐる認識については完全に食い違ったままだ。それゆえ、自ずと世の関心は集まった。

「代理人から聞いた」とコメントするＮＨＫ。「言ってない」と主張する代理人。「両親、公表を望まず」の発信源はどこなのか。取材をはじめた筆者のもとに想定外の情報が寄せられた。

なぜ「公表を望まない」とされたのか

「ご両親は騒ぎにしてほしくないらしい」

ＮＨＫの局内で、未和さんの両親についてそう聞かされていたと話す記者、Ｌ氏に出会った。その記者は未和さんの遺族に正確な情報を伝えたいと、恵美子さんに直接電話で話もしてくれた。都内の喫茶店で面会したときのやりとりを採録する。

Ｌ記者　少し前に聞いていたのは、本当は電通じゃなくてうち（ＮＨＫ）がやられるはずだったんだけど、ご両親が（ＮＨＫに対して）理解があって、「次はこういうことがないようにしてください」ということで穏当に済んでいるから、うちはやられずに済んだという話を聞いて。

――「やられる」とはどういうことですか？

Ｌ記者　見せしめ的なことですよね。厚生労働省が電通をある種、見せしめにしたわけですけど、本当は電通じゃなくてうち（ＮＨＫ）だったという。うちが狙われていたという話を聞いていて。

ただ、何でやられなかったかというと、電通と違って、ご両親があまり騒ぎにしてほしくないという情報があるからだ、と。それを聞いて私は納得していました。

――誰から聞いたのですか？

Ｌ記者　同僚の記者です。で、（佐戸記者の過労死が）公表されて、（ご両親が）他のメディアの取材に答えた記事を目にして、「気持ちが変わったのだろうな」というふうに私自身は受け止めていました。

L記者が言うところの「少し前」に何があったのか、整理してみる。

二〇一四年　五月　NHK記者の佐戸未和さんが労災認定
二〇一五年一二月　電通社員の高橋まつりさんが自殺
二〇一六年　二月　高橋まつりさんの母が川人博弁護士に代理人を依頼
　　　　　　九月　三田労基署が高橋まつりさんの自殺を労災と認定
　　　　　一〇月　高橋まつりさんの母と川人弁護士が記者会見し、労災認定を公表
　　　　　　　　　東京労働局が電通本社を抜き打ち調査
　　　　　一二月　安倍首相が高橋まつりさんの母に花と弔電を贈る
　　　　　　　　　電通の石井直社長が引責辞任を表明

L記者の話をまとめるとこうなる。

働き方改革実現に向け世論を喚起するための材料をさがしていた政府・厚労省は、当初、NHK記者の過労死を目玉にしようとしていた。ところが、憤りを抱えているはずの遺族は冷静で、表立った騒ぎになることを拒んでいるという情報が厚労省に入った。そこで、政府・厚労省はターゲットをNHKから電通に切り替えたというのだ。

真相を知るため、L記者に依頼して同僚記者に連絡を取ってもらった。すると後日、こんな返事が戻ってきた。

彼(同僚記者)に話をしてみたのですが、急にビビってしまって、詳しい話を聞くのは無理でした。尾崎さんに紹介するのも難しそうです。

この情報について父の守さんに伝えた。守さんは事の真偽もさることながら、もしそんな会話がNHKの局内で交わされていたならショッキングな話だ、と受け止めた。未和さんの死が会社の損得勘定の中で語られているようであまりに残念だし、「両親は公表を望んでいなかった」というNHK広報局のコメントに直結する情報でもあるからだ。

「BSアカデミア」で未和さんを指導し、現在、大学で特任教授を務めているジャーナリストの下村健一氏に感想を聞いた。

事実として国がNHKをやり玉にあげようとしたかどうかはわかりません。また、厚労省などに対してNHKが、「うちのケースは、ご両親が騒ぎにしてほしくないと仰っていますので」というような、お目こぼしを求めるやりとりをしたかどうかもわかりません。けれども、本当にそうだったのか否かにかかわらず、NHKの中に、「あ、両親が止めてくれたおかげで、うちはヤリ玉を免れたのか。ラッキー!」と思っている社員がいるのだとしたら、それは非常にゆゆしきことですよね。「そういうことで済ませちゃうわけ?」っていう。

だからこれ、過労死公表に至る経緯の真相を突き止めるまでもなく、現に、そういう共通認識が水面下にあったのならば、それだけで既に十分ひどい話だと思わざるをえません。

「両親、公表を望まず」の発信源について、別のNHK職員が情報を寄せてくれた。休憩時間、NHKの建物を臨む場所で話を聞いた。

これまで私のまわりでは、「組合の人が（両親から）聞いたらしい」というのが定説みたいな感じになっていました。日放労の人がかなり早い段階でご両親からそう聞いたのを、何かに記録していたようだと。今から（日放労がある東館の）七階に行って中村さんに確かめてみたらどうですか？

「中村さん」とは日放労のトップ、中央執行委員長中村正敏氏のことだ。中村氏は機関誌『NIPPO-RO』二〇一八年一月号の新春対談企画でこう語っていた。「（佐戸さんの）ご遺族や現場の職員もいろいろな受け止め方をしていますが、組合の反省としては、それぞれの思いにもっと敏感に対応しなければならなかった」。

ぜひ中村氏の話を聞きたいと考えた私は、日を改めて日放労の事務所へ電話をかけ、取材を申し入れた。中村氏は不在だとのことで、中央執行委員会の書記長が応対してくれた。委員長への取材の趣旨を伝えるうちに、書記長とのやりとりが始まった。

――日放労はこの四年（公表まで）、公表に関する意向について両親から話を聞いたことはありましたか？

日放労書記長　何か記録があるかというとそういうわけではありません。「記録が残っていないのでわかりません」としか言いようがないです。

（公表後）組合としてご両親を訪ねたことがあります。「『（遺族が）公表を望んでいなかった』ということに対して、組合もそういう認識だったのですか？」と質問を受けたときに、「はい、そうでした」と答えました。

――公表に関する情報について、書記長はどう聞いていたのですか？

日放労書記長　お答えすることは……まあ、……そこは、どうなんでしょうね（苦悶しながら、言葉を選ぶ）。なんとも言いようが……。全くその通りのニュアンスかというと、そこはわかりません。

――どんなニュアンスでしたか？

日放労書記長　ニュアンスの問題ではなく……、まあ、ちょっと（苦笑しながら、言葉につまる）。そこは、私が公式に聞いたことがあるかというと、私はその当時組合をやっていなかったので、ないですね。

――非公式に聞いたのですか？　どうでした？

日放労書記長　どうでした？　と言われても、すぐには思い出せません。

――「なぜ組合が率先して検証番組を提起したり、記録集を作ったりしないのか」と感じている組合員もいるのですが。

日放労書記長　「過去を振り返るようなことはしない」という活動方針をみんなで確認しているからです。また、誰にも相談せずにやっているわけではなく、ちゃんと川人弁護士にもお話をして、「僕たちはこういう未来志向でやっていこうと思うのだけれども、そういう方向でいいでしょうか？」と聞いたところ、（川人弁護士からは）「それはその方向が当然いいだろう」というお話はいただいています。

――川人弁護士とは公表問題をめぐってどういう話があったのですか？

日放労書記長　だから（言葉につまる）、そういう話はしてませんというか、そういう話ではなくて、というところで（苦笑）。

――組合幹部が川人氏と面談したのはいつですか？

日放労書記長　公表の直前です。そこには私もいました。

――なぜ、川人先生と会うことになったのですか？

日放労書記長　それはどういう、今後どういうこと……あの、だから、え、裁量労働制、まあ、今年入れたので、えっと……どういう方向性で話をしていくべきかというのは当然お話しているわけです。

このとき書記長は、触れてはいけない情報に触れてしまったと焦るような様子を見せた。最後は尻つぼみになって話を終えた。「メディア対応の責任者は書記長の私なので」と言って、中村委員長への取材は断ってきた。

公表翌年の三月六日、佐戸家の代理人、川人博弁護士へのインタビューが実現した。午後三時、出版社の編集者とともに川人法律事務所を訪ねた。私たちは両親と出会ったときのこと、労災認定への取り組みなどについて話を聞いた（第6章に掲載）。そして、過労死問題を広く世に問うことになった電通、高橋まつりさんの事件と未和さんの事件、両方を担当しての受け止めについて川人氏に尋ねた。

川人　二つの事件の比較で言うと、関係当局がどういう姿勢を示したかという問題があります。高橋まつりさんの場合は三六労働協定に違反しているということで刑事立件の対象になった。NHKの方はみなし労働制なので、法律上そういう方向にいっていない、と。

私どもの計算では、高橋まつりさんの労働時間よりNHKの未和さんの方が長かった。そこが非常に怖いところで、まったく同じように働いていても、裁量労働制、みなし労働制にされておれば全部合法化される。ですから、みなし労働制なるものの問題点を改めて感じています。

――　NHKの佐戸未和問題と電通の高橋まつり問題で、報道のされ方や社会の反響について違いを感じるところはありますか?

川人　別にそういった違いは感じませんでした。僕は特に民放テレビはそんなに見ないから、ちょっとよくわからないけれども。新聞や雑誌、活字のメディアではそんなに違いはないと思いますけどね。

――　NHK自身の佐戸記者についての報道はどうでしょう?

川人　ある程度、報道しているでしょう。

そのとき、未和さんのことが公表されて五カ月が過ぎていた。その日までにNHK総合テレビがNHK記者の過労死について報じた回数は、「ニュースウオッチ9」を含めて七回だった。一方、高橋まつりさんの労災認定が公表されてから、電通社員の過労自殺についてNHK総合テレビが五カ月間で報じた回数は八五回だった。その差はおよそ一二倍だった。

インタビューを続けた。私は、「ある記者がこういう証言をしてくれたので、読んでみてもらえますか?」と言って、ＮＨＫのＬ記者が話してくれた情報を紹介した。

川人　この人(同僚記者)の憶測なのではないですか。この人が安倍総理とか菅官房長官から話を聞いたわけではないんでしょう。

――　ＮＨＫ内部での情報共有についてどうお感じでしょうか?

川人　要は、この事件はかん口令が敷かれて、ＮＨＫの人間は誰も知らなかったというわけではありません。命日などにお父さんはＮＨＫの同期の方を中心にお話もされています。その人たちはみんな知ってるわけですよね。

――　朝日新聞の記事に、ＮＨＫは代理人から公表を望んでいないと聞いていた、と書かれています。

川人　ああ、代理人がこう言ってた、とね。

――　これを読んだとき、どう思いましたか?

川人　労災認定されたときに記者会見するということはよくあるわけですよ。高橋まつりさんも労災認定したときに(母が)記者会見しました。佐戸さんのケースに関しては記者会見をするという予定がなかった。だから、「労災認定をされましたよね。それについて記者会見をしますか?」(と尋ねてきたＮＨＫに)、「こちらはする予定はない」という話はしましたよ。(それに対して)ＮＨＫの人間が言ったことははっきり覚えています。「あ、記者会見をしないんですね」と。その情報がどこかに上がって行くうちに、こんな表現になったんじゃないですか。

改編された「プロフェッショナル」

「未和のことを表に出したくないというのは、川人さんの思いとしてあったかもしれませんね」

未和さんの父、佐戸守さんはそう振り返る。

「このままでは風化してしまうと危惧し、我々が動きはじめたとき、川人先生の対応は非常にネガティブでしたね。なぜなのか最初、わからなかったんですよ」

きっかけは二〇一七年七月、過労死を考える家族の会のメンバーから届いたＬＩＮＥメッセージだった。

「これが、そのＬＩＮＥです。このあたりを見てください」と言って、母の恵美子さんがスマートフォンの画面を指差した。

〈スペイン国営放送からの取材要請がありました。マスコミ公表が大丈夫なら、佐戸さん受けていただけませんか？〉

家族の会のメンバーは、「私も未和についての話をしたい」という恵美子さんの願いを耳にしていた。海外での放送ならハレーションも少ないだろうし、南米赴任の経験がある佐戸家ならスペイン語での取材にも対応できるだろう。そう考えて打診してみたのだ。すると、そのことを知った川人弁護士からメンバーに電話が入ったという。

恵美子　その人が言うには、川人先生は烈火のごとく怒っていて。もう、電話口で飛び上がらんばかりに驚いたそうです。

守　その話を女房から聞いてね。私は川人さんに電話して、「先生、どういうことですか？」と聞いたんですよ。「我々は自分の娘が亡くなったことを秘密にするつもりはありません。どうして娘の過労死のことを話してはいけないのですか」、と。どうやら先生は、和解調停のことを気にしていることがわかりました。

私はこう返しました。「先生、それは違うじゃないですか。和解調停というのはあくまで金銭補償についての話で、その内容を表に出すつもりはありません。でも、未和の死が過労死であり、労災認定されたことまで表に出すなというのはおかしいでしょ。もしそういうことなら和解調停そのものを無効にしたい」、と。

結局、スペイン国営放送の取材要請は別の遺族へいくことになった。ところが同じころ、新たな情報が伝わることで再び公表をめぐる問題が表面化した。

恵美子　私が過労死家族会の方と一緒にいたときのことです。その人の携帯電話にメールが入りました。「『プロフェッショナル』の放送が決まりました」という、番組担当者からの連絡でした。話を聞くと、ＮＨＫの「プロフェッショナル」で過労死をテーマにした番組をやると。それは川人先生が主人公で、子どもを亡くした遺族を取材しているらしい、とのことでした。

情報を気にかけた守さんは、川人氏に電話で問い合せた。「先生、『プロフェッショナル』のことを聞きましたが、番組のディレクターやプロデューサーは未和のことを知っているのでしょうか」。川人氏はこう答えたという。「自分の口からは言ってません。彼らが知っているかどうかはわかりません」。

守　当時川人さんは「プロフェッショナル」の収録が終わって、もうすぐそれが出るというのでNHKとの関係を大事にしたかったんでしょうね。家族の会のことをずっとフォローして放送していたのもNHKでしたし。いまごろになってね、未和のことが表に出るのは避けたかったのかもしれません。

ヒット番組「プロジェクトX」を引き継ぎ、二〇〇六年に放送が始まった「プロフェッショナル仕事の流儀」。NHKが二〇一七年春に密着取材をはじめた相手が弁護士の川人博氏だった。過労死家族会のあるメンバーは、「やっとあの番組が先生と私たちのことを取り上げてくれる」と期待して、取材の経過を見守っていたという。

私はあの年の三月には知っていましたね。過労死弁護団の会議かなにかにNHKのクルーがついてきたみたいで。私がよく知っている弁護士さんがSNSで、「いま某番組に某先生が」って発信されたので、私もピンときて。ああ、そうなんだって。

川人先生が「プロフェッショナル」に出るというのは、それはさもありなんで。先生といえば、話題性と勝てる可能性の高い案件ですよね。「ああ、ようやくなのか」というふうに思いました。

NHK制作局のエースたちによる長期取材が敢行された。晩夏、半年ほどにわたる取材の末、無事クランクアップの日を迎えた。編集、試写、ナレーションの吹き込み、スーパー入れ。通常通りの段取りを経て番組は完成に向かっていたという。そのとき、企画提案の段階から、この番組に責任を負ってきたプロデューサーM氏に白刃の矢がたった。「対応をお願いします」。NHKの幹部はそう指示を出し、九月二六日佐戸記者の両親を招いての「『働き方改革の推進に向けて』研修会」にM氏を同席させた。後日、M氏は局内での検討をふまえ佐戸家に電話をした。

守　「番組のなかに未和さんのことを入れることになりました」という電話でした。そして、「放送日をきょう決めます」と。Mさんが自分の希望で決めたという感じではなかったです。このまま放映するわけにはいかないから、とにかく未和のことを何か入れなくてはいけない、ということだったのでしょう。

恵美子　Mさんにとってはアンラッキー。そして、「実は自分も女性管理職として、その場(『働き方改革の推進に向けて』研修会)にいて涙していました」って言うものの、全然わかっていないないな と。というのが、私が講演をすることになっていたシンポジウムの前後に、喫茶店かどこかで両親を撮影して、その映像を「プロフェッショナル」で流しますと言うんです。「ちょっと待ってよ。未和はどうなっているの?」と。

両親の話を受けて、急遽、未和さんの遺影がある自宅でロケが行われた。「シンポジウムのあとは疲れているので日を改めてもらえないか」と相談した恵美子さんに、M氏はこう答えたという。

「うちのカメラマンや音声マンのこともあります。彼らの勤務時間が働き方改革で決まっているので、この日以外に集まることができないのです」

佐戸家のロケから一一日後の一一月二〇日午後一〇時二五分。予定よりひと月遅れて放送がはじまった。

全面黒色の画面に、小さな白い文字がふわっと出てきた。

〈悲劇を、繰り返さない〉

定番のアタック音は省かれていて、全くの無音だ。

広い会場の映像に変わった。右下に、「一一月八日　過労死等防止推進シンポジウム」の表記が出た。いつもと違う女性アナウンサーの読みでナレーションが始まった。

〈働き過ぎで命が失われる過労死。いま、深刻な問題となっています。この番組を作るＮＨＫにとっても大きな課題です。今月、残された遺族が参加し、過労死問題を考えるシンポジウムが行われました〉

ステージに佐戸恵美子さんが現れた。恵美子さんの講演とナレーションが続く。

〈「毎日、毎日、娘の遺骨を抱きながら、娘のことを追って死ぬことばかりを考えていました」

四年前に亡くなり過労死と認定されたＮＨＫ佐戸未和記者の母、恵美子さんです〉

自宅でのシーン。未和さんの祭壇の前で恵美子さんが話す。

〈「本当に志半ばで、本人がいちばん無念だったと思います」〉

カメラが未和さんの遺影にズームしていく。ナレーションが続く。

〈悲劇を繰り返さないためにどうすればいいのか、過労死の防止はＮＨＫにも突きつけられた重い課題です〉

三分五五秒がたったところで番組の主人公、川人氏が登場した。

〈プロフェッショナル。今回は過労死の問題に長年取り組んできた一人の弁護士に、今年の春から夏にかけて密着しました〉

冒頭から四分一〇秒のところで、再び全面黒色の画面に文字が出てきた。今度はあのアタック音もあった。

〈過労死と闘い続ける男〉

すぐさま、高橋まつりさんの母、幸美さんと打ち合わせをする川人氏のシーンになった。ナレーターはいつも番組に登場する声優になっていた。幸美さんのインタビュー、まつりさんが残したメール、電通本社ビルの空撮、再び幸美さんの声。それをナレーションがこう引き取る。

〈そんな幸美さんが頼ったのが、この男だった〉

厳しい表情で街を歩く川人氏。カメラは斜め前方からあおりのショットで主人公を狙う。切れ味鋭いエレキギターではじまるテーマ曲が流れてくる。番組のロゴマークに歌が重なる。

♪ぼくらは位置について　横一列でスタートを切った(「Progress」作詞・作曲　スガ　シカオ)

その後も、電通が犯した罪を告発するシーンがさらに続く。

関係者によると、川人氏の番組はすでに定尺でもって完成していたという。ディレクターたちの意思を尊重し、そのまま放送させてやりたいと、Mプロデューサーが上層部に嘆願書を届けたとの情報もあるという。しかし、幹部たちの判断によって却下され、思いを込めて作り上げた番組を自らの手で改編せざるをえなくなった。

「プロジェクトX」のときには、日本を代表する製鉄会社の幹部が、「わが社の新規プロジェクトをぜひ『プロジェクトX』で」と言って、番組化を依頼してきたことがあった。売り込み先はNHKの会長だった。局内で調整した結果、そのときは「NHKスペシャル」で受け持ってもらった。今回、問題回避の方策はなかった。やむなく突貫工事で挿入することになった冒頭部分。佐戸記者と佐戸家に関するナレーション原稿は、一言一句、理事レベルのチェックを受けたという。二カ月にわたり対応に追われたM氏の疲弊ぶりは局内で語り草になっている。

冒頭部分を除き、NHKで起きていた過労死について一切触れることなく「終」のテロップが出た。番組はいつもの放送時間より一分間長い、五〇分の編成になっていた。頭に追加された約四分との差し引きで、当初の完成版から約三分間の映像が削り落とされたことになる。それがどこなのか、いまとなっては一部の関係者にしかわからない。取材当初から改編まで、番組の推移について聞かされていたある過労死遺族はこう話している。

はい、「プロフェッショナル」は観ました。一〇月に放映って言われていたのが一一月に延びてしまって。そうですね、もめましたね。なんか、しぶしぶああいう形になったのだろうなって。佐戸さんの公表がもう一年早ければ、たぶん川人先生の「プロフェッショナル」はなかったんじゃないかなって思います。それくらいNHKにとっては忌まわしいというか、本当は外に出したくない事案だったんだろうなと感じました。

当初から佐戸記者の死について聞かされていたある職員は、地方局赴任中に「プロフェッショナル」を視聴した。そして、番組は佐戸記者のことを伝えるためNHKが川人氏に依頼して立ちあげたに違いないと受け止めていた。放送から一年後、知人から制作の裏話を聞かされ驚きを隠せないでいる。「まさか後付けだったとは。ナレーションワークがあまりに秀逸だったので見抜けなかった」。

9 ふるさと、長崎での誓い

娘の遺影を抱いて

「プロフェッショナル」の放送から三日後、一一月二三日勤労感謝の日。未和さんの故郷、長崎市に両親の姿があった。毎年この時期、すべての県で開催されている厚生労働省主催のシンポジウムに、恵美子さんが講演者の一人として招かれたのだ。

タクシーの窓越しに街の景色を見つめる恵美子さん。緑と薄黄色のツートンカラーの路面電車。川辺の散策を楽しめる中島川。朱色の門が目印の長崎新地中華街。三〇年ほど前、幼い未和さんの手を引いて歩いた記憶が蘇る。

恵美子　未和は長崎が大好きでした。平和公園にも連れてきたことがありますね。私が長崎に来たのは四年ぶりです。未和が亡くなってから一度も来ていません。もう、二度と来られないかと思っていました。

両手で抱えたバッグには、恵美子さんが肌身離さず持っているものがある。縦一〇センチ、幅六センチの未和さんの写真。これを手にして、娘とともに演壇に上がろう。恵美子さんはそう考えていた。

シンポジウムの会場は長崎県勤労福祉会館だった。四階の会議室には八〇名ほどの人が集まっていた。弁護士の基調講演、地元の労働組合からの報告、九州で活動をしている過労死遺族の話もあった。三時間におよぶ催しの最後に、若い女性の司会者が恵美子さんを紹介した。

「続きまして、大手放送局過労死事件のご遺族で、東京過労死を考える家族の会所属の佐戸恵美子様、よろしくお願いします」

このアナウンス原稿の中でNHKという企業名は伏せられていた。そのことが一層、参加者の関心をひきつけた。突然の公表で多くの人が知ることになったNHK記者の過労死。亡くなった経緯はもとより、四年以上も公表されなかったことなど、一般の市民にとって不可解なことがいくつもあった。主催者が単なる過労死ではなく、「過労死事件」と名付けたことで会場の空気は緊張感を増した。

「佐戸未和の母、佐戸恵美子です。本日は未和が亡くなった当時、どんな働き方をしていたのか。社員の安全配慮に責任がある会社が、なぜ過労死を防ぐことができなかったのか。また、過労死でかけがえのない娘を突然奪われた私たち家族が、会社に対してどんな思いを抱いているのか、といったことを中心にお話しさせていただきます」

いつかは自分の思いを伝えないといけない。そう思って手書きで綴り始めた文章は、NHKでの「研修会」、厚生労働省での記者会見、東京でのシンポジウムと、少しずつ推敲が重ねられてきた。しかし、原稿の整理はできてきたものの、心はなかなか追いついてこない。予定の三分の一ほどを話したあたりで言葉につまった。

「人生の道半ばにして生を断たれた未和の無念さを思うと、込み上げてくる……(涙)。すみません。

哀れでなりません」

会場の後方ではNHKをはじめ民放、新聞社などのメディアがレンズを向けている。未和さんと同世代の女性記者もいた。会場の視線が恵美子さんに集まる。

「半身不随でもいい、植物人間でもいい、ただただ生きてさえいてくれたなら……」、と話したところでぐっと唇をかみしめる恵美子さん。斜め前方に座っていた父の守さんもかすかに表情をふるわせる。最前列にいた九州の過労死遺族はハンカチで目頭を押さえている。取材に来ていたNHK長崎放送局の記者が感想を語ってくれた。

「佐戸さんとは面識はなかったのですが、同じ職場で働く者として、自分の入局してからの働き方を思い出しても胸に迫るものがありました。お母様の受けられたショックというのが本当に我がことのように感じられます」

NHKのクルーは恵美子さんの講演風景をローカルニュースの枠で放送した。

閉会後、地元のテレビ局で働く制作プロダクションの女性ディレクターが両親のもとに歩み寄ってきた。未和さんのことが自分の過酷な勤務環境と重なり、涙なくしては聞けなかったと、目をはらしながら訴えた。長崎新聞の女性記者は、「両親『明らかに人災だ』　NHK記者過労死　労務管理を批判」の見出しで企画を組んだ。そして、「未和さんは長崎市で生まれ、市内の幼稚園に年中まで通った」と記事に添えた。

未和さんの、そして自身の故郷でもある長崎の地で講演を終えた恵美子さん。未和さんの遺影を胸に新たな誓いを語った。

「やっぱり真実が知りたい。このまま黙っていてはいけないと思いました。未和の死について真実を探るため動き続ける。未和のことを語り継いでいく。これが私の生きる張りになると思います」

「数の力ですね」

「働き方改革を断行いたします」

施政方針演説でこう訴え、不退転の決意で国会に臨んだ安倍首相。調査資料に一一七もの不自然なデータが見つかり裁量労働制の拡大は断念した。しかし、残業時間の上限規制や同一労働同一賃金などの「アメ」と、労働時間の規制をはずす高度プロフェッショナル制度(高プロ)という「ムチ」を抱き合わせた法改定にはこだわり続けた。

五月二二日、過労死を考える家族の会は安倍首相との面談と法案からの「高プロ」削除を求めて、首相官邸前で座り込みをはじめた。炎天の日も雨の日も、佐戸恵美子さんは仲間とともに待ち続けた。しかし、面会の日は訪れなかった。

「みなさんと一緒になって、やれることはやります」

衆院厚生労働委員会での強行採決が噂されていた五月二五日、恵美子さんはこう言って国会の通用口を進んで行った。この日も朝になって厚労省が示していたデータ集計に誤りのあったことが発覚した。集計のやり直しを求める野党に対し加藤厚労大臣は応じなかった。加藤大臣への不信任決議案は、厚労委員長の解任決議案とともに本会議で否決された。

午後四時四二分に再開された厚労委員会の傍聴席はすし詰め状態だった。恵美子さんをはじめ、幾人かの遺族は亡き家族の遺影を掲げていた。写真立てのなかの未和さんも母と一緒に議事の行方を見つめることになった。

冒頭、立憲民主党の西村智奈美議員が加藤大臣と対峙した。

西村　過労死家族会のみなさんは、まだ安倍総理との面談を果たせていない。

加藤　この法案は私の方でやっているので、私の方でお話を聞かせていただいた。

西村　加藤大臣が話を聞いても何も変わらないから、総理に会わせてほしいというお気持ちなのだ。

加藤　ここは本当に厚生労働委員会なのか。日本の産業構造とか労働生産性の向上のためという答弁が繰り返されているが、労働者保護の業務とはなじまない。

加藤　職業や雇用の確保を図っていくことも厚生労働省の役割だ。

厚労省の一室で、「理屈じゃない。これは戦いなんだ」と、法案成立に向けて幹部に檄を飛ばしていたという加藤厚労大臣(七月二〇日、朝日新聞朝刊)。この日もときにはぐらかし、ときに開き直ったかのような答弁を繰り返した。恵美子さんはメモを取るのも嫌になり、ボールペンを机に打ち付けている。再開から一時間ほどが過ぎたころ委員長が採決を提起した。野党議員が委員長席に詰めよりマイクを奪い取ろうとする。恵美子さんの左後ろにいた男性が大声をあげた。「命がかかってるんだよ、こら！」。

怒号が飛び交うなか自民党の橋本岳議員が附帯決議案を読み上げた。再び委員長が声を張り上げる。「賛成の諸君の起立を求めます」。午後五時五四分、自民、公明、日本維新の会の賛成多数で法案は可決された。

「これまでも悔しい思いはしてきたが、久しぶりに悔し涙が出た」と語る全国過労死を考える家族の会代表の寺西笑子さん。「ぶざまな最後」と吐き捨てる中原のり子さん。恵美子さんは未和さんの遺影を手に委員会室を出た。そして、階段を降りる途中でそっとつぶやいた。

「数の力ですね」

審議の舞台は参議院に移った。良識の府であるはずのそこは、佐戸記者最後の仕事となった五年前の参院選でねじれが解消されていた。まさに数の力がまかり通る状況だった。

六月二九日、正午前、遺族たちは再び亡き人の遺影を持って参院本会議場に集まった。野党議員の抵抗も届かず、働き方改革関連法の整備に関する法律案が可決した。投票総数二三五、自民、公明、維新、希望などの賛成一六四、反対七一だった。

母としての想い

午後、過労死家族会のメンバーが記者会見の会場にやってきた。「きょうはお疲れさま」と言って、佐戸恵美子さんが声をかけた人がいる。電通で過労自殺をした高橋まつりさんの母、幸美さん(五五)だ。三日前の六月二六日、幸美さんは恵美子さんにメールを送っていた。

〈未和さん　お誕生日おめでとう。未和さんはずっとお母さんと一緒にいます！　たとえこの世の中で何があっても〉

恵美子さんはこう返信した。

〈ありがとう。幸美さんの言葉に力をもらえます〉

恵美子さんと幸美さんが初めて会ったのは四カ月ほど前のことだった。二人は日弁連が企画した市民学習会に招かれていた。会場の衆議院議員会館に向かう途中、駅のホームで恵美子さんはこう考えていたという。

「これまで会ったこともないのに、どうなるんだろう」

テレビや新聞に再三登場していたまつりさんと幸美さん。恵美子さんは電通一辺倒の報道にずっと違和感を覚えていた。幸美さんが本に記していた言葉も気になっていた。

〈遺族の沈黙は新たな犠牲者を生むと感じています〉（『過労死ゼロの社会を』高橋幸美、川人博著　連合出版）

一瞬、自分が娘の過労死について公表していなかったことを責められたような気がした。しかし、学習会の壇上で幸美さんと肩をならべ、愛娘について語る言葉を耳にするうち、恵美子さんは涙があふれてきた。同じつらさを背負う母親として、すぐに心が通じ合った。その後、幸美さんは未和さんの焼香にも来てくれた。遺影に手を合わせ、「まつりは未和さんと天国で出会ってるよね」と言ってくれた。

恵美子さんにとって忘れられないのは、自身がＳＮＳで誹謗中傷を受けたとき、幸美さんがすぐに助けてくれたことだ。恵美子さんのスピーチを批判する匿名の相手に向けて、幸美さんは実名でこんな書き込みをしてくれたという。

〈佐戸さんへの批判は許せません。貴方は大切な人を過労で亡くしてないからそんな事が書ける。子どもを夫を妻を親を亡くし悲しまない人がいるのか。毎日何事もなかったように陽は登り、日本や企業は繁栄を続け、（亡き娘の）友人たちが結婚し子どもを産み出世するのを見るのは辛い。高橋幸美〉

過労死家族会の七人と高橋幸美さん、弁護士二人による会見がはじまった。机の前に高橋まつりさ

未和さんの遺影の横に高橋まつりさんの遺影を置く母の幸美さん(右)
2018年6月29日　参議院議員会館

んの遺影と未和さんの遺影が並ぶ。全国の会代表の寺西笑子さんに続き、六人目の幸美さんにマイクが回ってきた。深く息を吸い込み語りはじめる。

「高橋まつりの母、高橋幸美です。私は今日はじめて国会の傍聴をしました。最後の可決のときに私はまつりに話しかけていました。『まつり、これがあなたを追い詰めた日本の姿だよ』。

『東京の夜景は私たちの残業が作っているんだ』と、娘は私に話していました。どうして健康だった若者が、会社に入ったとたんに体や精神の健康を失うほど働かされるのですか。こんなことが普通だと思っている人がいるから過労死がなくならないのです。多数決の力で法案が通ってしまったことに関して、とても残念な気持ちです」

幸美さんが恵美子さんにマイクを渡した。恵美子さんは会場を取り囲む記者たちに語りかけた。

「きょうは未和が愛用していたジャケットを着てきました。私はここにいる方の中に、どうしても未和の姿を捜してしまいます。今一度、あなたの働き方を見つめ直してください。私はこれからも過労死の悲惨さを命の続く限り訴えていきたいと思います」

消えた日放労「佐戸ファイル」

「真実が知りたい」

未和さんの死について，その一念で過ごしてきた佐戸記者の両親。この間，期待を寄せては裏切られてきたのがＮＨＫの労働組合，日放労だった。未和さんの父，守さんはこう話す。

我々として納得してないのは，日放労が組合としての機能を果たしていないということです。普通の会社だったら社員が労災認定されたら組合にも情報が上がるし，組合ルートで社員に通知される。でも，日放労は何も言っていない。それどころか伏せているように感じる。

二〇一八年七月二〇日，未和さんの死から五年を前に日放労の幹部四人が佐戸家の門をくぐった。日放労副中央執行委員長と日放労中央執行委員書記長。この二人は前年，公表直後の一〇月一六日に佐戸家を訪れていた。もう二人は新規に交代する幹部だった。守さんは積もる思いや疑問点について前任者の二人に問うた。

守　未和の労災について知ったのはいつでしょうか？

日放労　遺族と労基署との問題なので，我々は知りませんでした。

守　すぐにはわからずとも，しばらくして伝わったのでしょ？

日放労　(沈黙。しばらくして)組合の執行部の中で話をしていました。

守　公表にまつわる情報に触れたことはありますか？

日放労　（沈黙）

守　未和の過労死が認定された二〇一四年から、公表される二〇一七年までのＮＨＫの状況はどうだったのですか？

日放労　二〇一四年一月に籾井さんがＮＨＫの会長に就いて、二〇一七年の一月に退任するまで、ＮＨＫの内部は籾井騒動で大変な状況にあり世間からも叩かれていました。実は私たち組合も様々な対応を求められ大変だったのです。

日放労との面会の最中、突然佐戸家の電話が鳴った。相手は長らく音沙汰がなかった元日放労放送系列委員長のＨさんだった。七月二七日、両親がＨさんと再会した。どんなやりとりだったのか、Ｈさんとの面会を終えたばかりの守さんから話を聞いた。

彼が言うには、未和のことを公にするのが遅れたのは、日放労が抱える弱さにあるということでした。執行委員そのものが会社の肝いりで、「あなた、立候補しなさい」と肩を叩かれてなるものだから、会社に対して反旗をひるがえすようなことはできない。「御用組合と言われればその通りです」、と。そこまで言われれば、「ああ、そうですか」と返すしかありませんでした。

翌月、Ｈさんの了解のもと、守さんと筆者との三者面談が実現した。私は守さんの質問とＨさんの回答を記録していった。

守　日放労の幹部は未和の労災認定について、「遺族と労基署との問題なので知りませんでした」と言っています。

H　未和さんの労災認定と同時に、「どうやら認定がおりたらしいぞ」という話をしているのは事実なんですよ。だから、「お父さんたちが公表する去年まで知りませんでした」というのは違うと思います。

守　日放労は籾井さん、百田さんの騒動と重なったため未和のことに対応できなかったというが、どうでしょうか。

H　籾井会長がいたから佐戸さんのことができなかったというよりも、籾井のこともやってないし、佐戸さんのこともできていないというのが僕の見方ですね。

「『政府が右と言ったものを左とは言えない』というのは、報道機関のトップとして間違った発言だ。籾井はＮＨＫの会長にふさわしくない」ということを、当時組合が発信したかというと発信していない。御用組合として労使協調路線をとることで組織を成り立たせてきたのが日放労なのかな、と僕は受け止めています。

守　「両親が公表を望んでいない」という情報についてはどうでしょうか？

H　それは経営の窓口から聞いていたのかもしれないですね、中央書記長が。確か、「現段階でご家族がそのこと（公表）を望んでいるわけじゃなくて、調停中だから待って」というやりとりがあったんじゃないかな、と。

これまで、なかなかたどり着かなかった公表問題の出所について具体的な話をはじめたHさん。彼は二〇一三年七月から放送系列委員長を退任するまでの二年間、「佐戸未和さんの経緯」というようなタイトルの文書を作っていた。そのファイルに公表をめぐる経営とのやりとりはどう記されているのか。話を聞きすすめるうち、Hさんの態度が急におぼつかなくなってきた。

H　確かに、僕の放送系列のパソコンに残してあったんですよね。ただ、この前、副執行委員長とやりとりしたときに見つからなくて。「僕が作っていたファイルが系列のパソコンの中にあるはずなんだけど」と言ったら「そのファイル、ないよ」って。何でなくなったのかもよくわからないんですけど。

「ご家族が（公表を）望んでいるわけじゃない」。日放労の中央書記長にそう伝えたのは経営の側のいったい誰なのか。日放労の担当者が文書として残した唯一の記録〝佐戸ファイル〟には何が書いてあったのか。様々な憶測や噂話が漏れ聞こえてくるばかりの遺族にとって、ぜひとも読んでみたい資料だった。

「あれは本当に消えてしまったのでしょうか」。後日、守さんは私にそう語りかけた。日放労は組織としていまだ取材拒否の態度を崩していない。つかみかけた真相が、きびすを返して遠のいていったように感じた。

空白の二日間をめぐる謎

上田良一会長が弔問して以降、遺族に対してＮＨＫはどう対応してきたのか。ＮＨＫの幹部や管理職による佐戸家への訪問は以下の通りだった。

二〇一七年一二月一一日　荒木裕志理事、首都圏放送センター長、首都圏専任部長
二〇一八年　四月一二日　荒木裕志理事、首都圏放送センター長、首都圏専任部長
　　　　　　五月一九日　松坂千尋理事、首都圏放送センター長
　　　　　　六月　二日　首都圏放送センター専任部長、新専任部長
　　　　　　七月二二日　荒木裕志理事、首都圏放送センター長、首都圏専任部長
　　　　　　八月三〇日　首都圏放送センター長、首都圏専任部長
　　　　　　一〇月　一日　首都圏放送センター長、首都圏専任部長

四月一二日、荒木理事は両親にＡ４の用紙五枚分の資料を手渡し、佐戸記者についての周知作業と働き方改革の進捗状況について説明した。一連の説明を受けた父の守さんは、荒木理事らにこう語った。

「未和が過労死するほど長時間働いたことについて、当時の管理職の方は把握していたのでしょうか。三月二二日、民進党議員の質問に対して上田会長は時間把握をしていたと発言しています。把握していながら放置していたのならば犯罪行為ではありませんか。私たちは謝罪と責任者の処分にこだわっています」

それに対して、荒木理事も管理職も具体的な回答をしなかった。

守さんは続いてこう訴えた。

「私たちが娘の生きてきた証を残そうとしていることに協力してほしいと思っています。当時の未

佐戸未和記者の実家に向かう
NHKの担当者
後部座席に荒木裕志理事と
首都圏放送センター長が乗っていた
2018年4月12日　東京 杉並区

和の所属元の最高責任者として、荒木さん、取材という形で話を聞かせてもらえませんか。ぜひ、私どもも同席したいと希望しているのですが」

ちょうどそのころ、筆者が両親と関係者へのインタビューをまとめた寄稿文が発行されていた。「第三者の方が未和について語ってくれた証言は説得力があり、大変胸に迫るものがある」と、守さんは感想を伝えてくれていた。遺族と筆者がＮＨＫに質問を重ねることで、自分たちが知りたかった情報に近づけるかもしれない。そんな期待も両親にはあった。

守さんのリクエストに対して荒木理事は回答を保留していた。四カ月以上が過ぎた八月三〇日、ＮＨＫの担当者が回答を伝えにやってきた。佐戸家の居間で両親と向き合ったのは、首都圏放送センター長の女性記者と専任部長の男性記者だった。センター長は都庁キャップ、地方局の局長、秘書室長などを歴任してきた。社会部時代、チッソ水俣工場ＯＢの堅い口を開かせた実績は高く評価されている。専任部長は政界汚職や企業犯罪などの取材をさせれば右に出る者はいないといわれるほどのらつ腕記者だ。シビアな仕事を通じて、組織への切り込み方を学び尽くした二人。いま、ＮＨＫから組織防衛を託され、佐戸家の〝番記者〟として情報伝達の任務を負わされている。

センター長　佐戸家はこの夏、どのようにお過ごしでしたか？

守　私どもはどこかに旅行に行くという気にもなれませんし。ＮＨＫの同僚や同期の方が大勢来てくれて、未和の思い出を話してくれたのは嬉しかったです。きょうお越しになったのは？

センター長　書籍化の件で。

守　本の？

センター長　はい。もちろん、未和さんのことを残したいという気持ちもよくわかりますし、決して我々は出版そのものを妨げるとかですね、邪魔しようということは全くございません。ただ、やはり組織としての結論は、外部のライターの取材には協力できないというご報告をしようと思いまして。

いきなり切り出された結論に、両親は「うーん」と小さなため息をもらした。沈黙して向き合う両者。しばらくして守さんが口を開いた。

守　組織としての協力という言い方はピンとこないのですが。取材の自由はあるけれども、取材を拒否する自由も自分たちにはあるので、取材は受けかねるということなんですか？

専任部長　当時のメンバーとか職制の人間に取材をかけていただくということをお止めするつも

りは全くないんですけれども、「その取材に応じてくれ」というふうに、我々としてご協力するということは難しいと申し上げているのですけれども。
守　たまたま取材ということで話が始まりましたが、実際に私たちも知りたいと思っていることがたくさんあるんですよ。一度、ＮＨＫの当事者の方に話を聞かせていただきたいということなんですが。
専任部長　当事者の声を聞きたいと？
守　そうです、当事者の声です。通り一遍の名前だけの組織じゃなくて、当事者はどうだったのか、と。遺族として、親として、やっぱり聞いておきたいなと思っています。
　再考をお願いしたいのですが。こういう条件なら話をしてもいいという手立てをお考えいただけませんか？　それがどうしても無理だということであれば、一度、上田会長にお目にかかって、私の口から思いも伝えて……
専任部長は間髪を容れず切り返した。
専任部長　ご質問に対しては回答すべきだと私は思いますので、ただ、どういう形で、あの、回答させていただけるかどうか、ということは……。この場で私が決めるということができませんので。まあ、それがどういう形で、あの、ご要望に沿えるか難しい面もあるかとは思いますが、相談させていただきたいなと思います。

台風一過の一〇月一日、再び二人が佐戸家にやってきた。恵美子さんが飲み物を用意している間に、守さんの方からさっそく本題に入っていった。

守　ご検討はいただけましたか？

センター長　検討したのですが、やはりＮＨＫの組織としては書籍のことに関しては協力できないという結論になりまして。

守　どこまでお話は行ってますか？

専任部長　あのー、組織としてということですから会長まであげて。やはり、あの、総合的な判断の結果ですね……

守　総合的な判断ですか。

沈黙を経て、再び守さんが話す。

守　去年の一〇月四日の公表以降いろんなことがわかってきて、過労死の背景に様々な事実があったのではないかという疑問があるわけです。そういうことを私自身がぜひ当事者にお聞きしたいと。それも受けられないということなのでしょうか？

専任部長　まあ、外部で出版されるものに対してということです。

守　遺族が知りたい、事実を確認したいということに対して、「いや、それはできません」という話になるんですか。当時未和が使っていた携帯電話のメールやＮＨＫの手帳を見ていると不思議なことがあって。

守さんはそう言って、未和さんが仕事用に使っていた赤色の携帯電話と薄水色のＮＨＫ手帳を持ってきた。ＮＨＫ手帳を開くと、七月二四日（水曜日）のところにこんな予定が書き込まれていた。

〈一四：三〇～一五：〇〇局長　一五：〇〇～一五：三〇次長〉

一方、携帯電話を開き送信メールのページをたどると、そのスケジュールが決まった経緯をうかがわせるメッセージがあった。

〈七月二三日　一三：四八　林記者へ　局長次長、議会対応が入ってしまい、挨拶は明日になりそうです〉

第５章で紹介した幹部へのアポイントメント。そうまでしてセッティングした場に、当の本人が現れなかったとしたら一体どうなるだろうか。東京都の職員に尋ねてみたところ、即答された。

「すぐにＮＨＫのクラブに電話して確認しますよ」

局長付きの秘書が都庁の六階にあるＮＨＫのブースに内線電話をかけるはずだという。気になった守さんが、佐戸記者からのメールを受けた林記者に問い合わせたところ、回答はこうだった。

「〈局長次長〉がどこの局を指しているのかはわかりませんけど。当時のことは、ちょっと覚えてないですね。ちょっと私は存じてないですね」

守さんの説明を受け専任部長が身を乗り出す。

専任部長　二四日に局長とか次長にと？

守　はい、残っています。お見せしてもいいですよ。
専任部長　メモとしてですか。
守　ええ。ということは、「本人来てないよ」という連絡が、都庁クラブに入ってるんじゃないですかね。そこのところが宙に浮いている。当然、都庁クラブの誰かが連絡を受けて、何かやりとりがあって、何らかの対応をしていると思うのですが。
　都庁クラブの中で何があったのか。事実がわからない状態で、すでに本人が亡くなっておるし、やはり親としては確認したいというところがあるものですから。

　佐戸記者が帰宅した七月二四日の午前三時ごろから、婚約者が未和さんを発見した七月二五日の午後九時半ごろまでの空白の二日間の初日について発覚した疑問。佐戸記者が〈局長次長〉への挨拶回りに欠席したとき、何か連絡はなかったのか。

　後日、両親は未和さんの死亡日について七月二五日の可能性もあったことを知る。監察医が作成した死体検案書のなかの、〈死亡したとき　平成二五年七月二四日頃〉の意味を読み違えていたことに気づいたからだ。

「え！　そのとき、未和は生きていたかもしれないんですか！」

　恵美子さんは眉間にしわを寄せ、思わず声を発した。娘に不調の兆しが現れる前に、誰かが部屋に駆けつけ、泥のように眠る娘を揺り起こしてくれたとしたら。

専任部長　この件はこういう結論ですけども、当然ながら未和さんのことを語り継いでいくとか、同じことを繰り返さないために働き方改革というのは組織として真剣にやっていきますし、引き続き進捗状況についてはお知らせしたいと思いますし……

専任部長が話をしている途中で恵美子さんが口を開いた。

恵美子　遺族が本当にそれを望んでいると思いますか！　遺族はそんなものじゃないです！

そして、前回二人にぶつけた言葉が、ふたたび心の中にわきあがってきた。

「ＮＨＫが何をしてくれましたか。未和を殺しておいて。それを消しゴムで消そうとするんですか。どこまでも逃げられるんだったら我々は最初に戻りますよ。五年前に戻りますよ」

10

未和さん、さどちん、そして未和へ

なかったのか。

死後に届いた受診指導

亡くなる直前まで、元気いっぱい食べて飲んで語っていた三一歳。彼女を急変から救う手立ては

佐戸記者はＮＨＫが実施している健康診断を受診していた。結果は産業医が作成する健康診断受診票に記録されている。総合判定は、「Ａ（休業）、Ｂ（軽業）、Ｃ（注意）、Ｄ（観察）、Ｏ（所見なし）」の五段階評価。佐戸記者が受診した二〇一一年九月二七日、二〇一二年九月二五日、二〇一三年四月一七日、いずれの結果も「Ｏ」だった。

一方、ＮＨＫが渋谷労働基準監督署長に提出した使用者申立書のなかに気になる記述があった。ＮＨＫの健康管理措置と佐戸記者への対応について書かれた部分だ。

〈各月において基準外労働時間が八〇時間を超えた、または休務日数が三日以下であった職員に対し、翌月末にイントラネットで個別にメッセージを送付し、中央労働災害防止協会が提供しているコンテンツによる疲労蓄積度の自己診断チェック、産業医による面接指導の受診を勧奨している。（被災労働者については、平成二五年六月に「休務日数三日以下」として対象となったが、その通知の送信時期は被

災労働者死亡後の七月末であった〉

言うまでもなく、「被災労働者」とは佐戸記者のことだ。NHKが遺族に届けた二〇一三年六月の勤務記録概要表示（記者）によると、所定日数二〇日に対して出勤日数は二七日。佐戸記者の休日は三日で、健康管理措置の対象者だった。

佐戸記者の入局後、NHK放送センターで勤務中の女性記者が倒れ、救急搬送されたことがあった。記者は一命はとりとめたものの、障害が残り記者職に戻れずにいるという。その記者は労災認定を受けていた。報道局内でこれほどのことが起きていながら、なぜ「休務日数三日以下」の警告が翌月の末に認定されたままだったのか。NHKは申立書のなかで理由を付さず、遺族に説明もしていない。もし通知の送信があと一〇日早く、選挙の翌日に自己診断や医師との面接をしていれば、未和さんは重篤な危機を免れたのではないか。悔やんでも悔やみきれない。

未和さんを救うチャンスがひとつ失われていたという現実。永く埋もれていた情報を目にした父の守さんは、「このことは書いておいてください」と静かに語った。

“働き方改革”に怯える管理職

「佐戸記者のことをきっかけに働き方改革を進めております」

上田良一会長をはじめ幹部も日放労も佐戸家担当の管理職も、みな一様に口をそろえている。本当にそうなのか。

「実は、そうではないのです」と話すNHKの中堅記者がいる。彼は未和さんが首都圏放送センターに在籍していたころ、ある地方局でデスクをしていた。どの局でも心身に不調をきたす記者が相次ぎ、人繰りに苦労していたという。その記者が資料を広げて説明してくれた。

ＮＨＫは佐戸記者が亡くなる前の年まで五～六年おきに業務改革を提起してきた。二〇〇六年の「働き方総点検」、二〇〇九年の「組織風土改革」、そして、二〇一二年の「働き方改革」。二〇一二年三月三〇日、総務局長名で発行された文書「平成二四年度『働き方改革』について」に、その狙いが書き込まれていた。

〈協会では、「人件費コストにつながる基準外労働の抑制」、「違法なサービス残業を招かないコンプライアンスの徹底」、「円滑なコミュニケーションによる健全な職場環境の醸成」を意識改革の三つの柱として掲げ、（中略）「働き方総点検」活動を展開してきました。

新たな経営計画がスタートする二四年度からは、抜本的見直しによる業務の「棚卸し」と連動して進めることとし、（中略）さらに発展させた「働き方改革」として展開していくこととします〉

「昨年度と同じ労働時間の中、仕事を一つ多くこなす（作業効率を向上させる）プラス一運動」を掲げるなど、経営計画に沿ってスクラップ＆ビルドやコスト抑制を促すものだった。

時間は増やさず仕事は増やすという運動に無理があったのだろう。二〇一三年四月八日発行の「平成二五年度『働き方改革』について」には、次のような指示が盛り込まれた。

〈職場全体をマネジメントする管理職の意識を高め、（中略）業務体制の構築に努めてください。特定の職員に過度な業務負担がかかっていないか、過重労働につながっていないかなどの視点をとくに意識した業務管理を行ってください〉

その指示から三カ月あまり後、佐戸記者は帰らぬ人となった。中堅記者が振り返る。

「前の年度から働き方改革をやっているのに、何の効果も出ないどころか犠牲者を一人出してしまった。それを受ける形で、あわててこんなものを報道局の中だけに作って。いったい何なの？　と私は言いたいです」

記者が指摘する「こんなもの」とは、佐戸記者の労災が認定された二〇一四年に発足した「報道局働き方プロジェクト」のことだ。二〇一五年一〇月に発行された第一号ニュースには、佐戸記者に報道局長特賞を贈ったあの人が顔写真つきで登場する。

〈ことしで二年目に入った『働き方ＰＪ』。ＰＪ長の荒木裕志報道局長です。このＰＪは（中略）報道局の全てのポスト長で構成しています。（中略）これまでの働き方や業務の進め方を抜本的に見直し、（中略）働きやすい職場環境を目指します〉

二〇一七年七月の第一六号ニュースでは、荒木氏を引き継ぎ報道局長に就任した小池英夫氏がＰＪ長として顔を出す。

〈働き方改革の本質は、「報道の使命を果たしながらワーク・ライフ・バランスを実現出来る、持続可能な取材制作体制を構築させること」です。（中略）難しい課題ですが、みんなで力を合わせて成果を出していきたいと思いますのでよろしくお願いします〉

どの号をめくっても「佐戸未和」の名はもとより、「過労死」、「女性記者」、「二〇一三年七月」などのキーワードさえ見当たらない。散見されるのは大手コンサルティング会社の女性研究員が投げかける軽妙な語り口だ。「小さなことから、全員でやってみる」、「動き始めたという実感」……。かわいらしいキャラクターをニュースに描きそえて、創意工夫を演出する。

いまや一兆円産業と化した働き方改革ビジネス。ＮＨＫは人事局を先頭に業界と連携し、予算の獲得と執行に励む。「改革への熱意」は人事評価の対象とされ、「働き方について（中略）ルール違反があったとしたら……大変な事態に陥る」（編成局「ワークスタイル通信」）と、管理職は戦々恐々としている。その陰で、命に関わる深刻な出来事が起きている。

次々と倒れる外部スタッフ

二〇一七年四月二〇日の夜九時すぎ、ＮＨＫスペシャルを制作中の男性スタッフがディレクターと打ち合わせをしていた。ひと月ほどの制作期間も中盤にさしかかり、冒頭のＶＴＲをどう作るかアイデアを練っていたのだ。

そのとき、スタッフが体調に異変を感じた。「きょうは帰るわ」と言いのこし、部屋を後にした。翌朝、体調が戻らず病院に行くと脳出血だと診断された。なんとか一命は取りとめたものの、長期入院の末、重篤な後遺症が残った。彼はいまも仕事に復帰できていない。

特集番組が持ち上がるたび、季節も曜日も時間も関係なく働き続けるＮＨＫのスタッフは少なくない。彼も連日のように明け方近くまで働いて、仮眠前の小一時間、二四時間営業の居酒屋に立ちよるような生活を強いられてきた。理由もわからず、にわかに働き方改革が唱えられ、日曜日がオフになったこともある。

〈日曜日休めと言われても、なにをしていいのかわからない〉

ＳＮＳにそんな投稿をしていた矢先の出来事だった。

佐戸未和記者が最後の選挙リポートを作ったその部屋でも事件が起きた。

二〇一八年七月一日午後一一時五〇分、放送センターの東館にある編集室で、首都圏放送センターの番組を制作していた編集マン（当時六〇）が妻にメールを送った。

〈今日はホテル泊まりになります〉

妻の脳裏に不安がよぎった。夫は六年前、ＮＨＫの地方局に出張中、心臓に急病を患い大手術をしていたからだ。その日、編集マンはＮＨＫのディレクターとともに朝まで働いた。仮眠をとるためホテルへ入る際、妻へメールを送った。

〈ホテルに来ました〉（五時四八分）

一〇日間ほどの編集期間は中頃を迎えようとしていた。「数時間の仮眠の後に仕事が再開されたらしい」と語る関係者もいる。そしてその夜、夕食の時間に彼は倒れた。

緊急搬送された病院で開頭手術が宣告された。脳に大量の出血が起きていた。

術後の経過が安定したころ、筆者の先輩でもある彼にベッドのそばで何度も声をかけた。しかし、意識はもうろうとしたままで、家族以外の人の認知は困難だった。この先、気管切開でたんを吸引しながら、経管栄養で過ごすことになるという。ＮＨＫ特集の時代から、編集機を巧みにあやつり名作を生み出してきた手はまがったままだ。ときおり開く瞳には光るものがあった。翌月、看病を続けながら妻はこう語った。

「倒れてからひと月以上がたちました。いまのところ、ＮＨＫの人から家族に連絡はありません。お見舞いに来てほしいというわけじゃないんです。ただ、ＮＨＫの〇〇局で倒れたとき彼は障害認定を受けました。それは所属事務所も知っていて、ＮＨＫにも伝わっていたんじゃないかと。それなのに、朝の五時まで働かせたのかなって。そのことについては聞かせてほしいです」

二〇一九年三月、編集マンは二度の転院を経て、リハビリを受けることもできなくなっていた。寝たきりで言葉は話せず、体重は五〇キロを割った。彼の手をさすりながら、母はこう話す。

「あの日、息子が一緒に働いていたＮＨＫの人がだれなのか、名前も顔もわからないままです。手術をしてくれたお医者さんは、『大出血で倒れる前に、脳内で出血を起こしていた跡がありました』と教えてくれました。息子は毎日遅く帰ってきて、妻に『疲れた』とこぼしていたそうで……。もし職場の人が予兆に気づいていたら、こんなことにはならなかったでしょうに」

ある記者の質問状

昨年、佐戸記者の両親に思わぬ情報が届いた。未和さんの過労死について公表された翌月、ＮＨＫで記者をしている職員のＮさんが、ＮＨＫ報道局の働き方改革プロジェクトにこんなタイトルの文章を提出していたというのだ。

〈佐戸未和さんの過労死を受けて　ＮＨＫで働く私たちの命と健康を守るために質問します〉

タイトルの下には日付とＮさんの氏名が記されていた。本文はこんな言葉ではじまっていた。

〈私は今年二月、うつと診断され三カ月の休職をしました。うつの原因は、八年間の単身赴任、二四時間三六五日の緊急呼び出し対応によるストレス、不規則・長時間勤務による疲労、そして職場の人間関係（注　パワハラを受けたこと）です。一時は「失声」といううつの症状で、声も出せないような状態でした。産業医からは、「死んでいても（自殺を図っていても）おかしくなかった」と診断されました〉

そして、一ページ目の中ほどに次の言葉が綴ってあった。

〈だからこそ、佐戸未和さんが過労死していたというニュースを知って大きく心を乱されました。佐戸さん本人の無念、ご両親らの怒りや悲しみを考えると胸が苦しくなります。過労死していたのは

佐戸さんだけではない、私だったかもしれない〉

文章は一三ページ、一万一七七三文字で、全体が三つの質問で章立てであった。

〈質問1「NHK倫理・行動憲章　行動指針」には、「法令・社会のルール、内部規定の順守を徹底します」とあります。ではなぜ、多くの職場で労働基準法が守られていないのでしょうか？

質問2　NHKは取材などでは「情報公開の徹底を」と追及します。ではなぜ佐戸さんの過労死について、また働き方改革について十分な情報公開・説明がないのでしょうか？

質問3　NHKはなぜ弱い立場の職員に寄り添わないのでしょうか？〉

質問1の本文にはこうあった。

〈「八時間以上の勤務で、きちんと一時間以上は休む」という労働基準法を労使がともに理解し、守っていれば佐戸さんは過労死しなかったのではないでしょうか？　泊まり明けの場合、ほとんどの記者が泊まりの前に働き、明けの後にも働いていますので、完全に一七時間以上の連続勤務です。スタッフやバイトは仮眠や休憩時間を取れていないと思います。過労死の認定から三年以上経っていて、法律を守っていないのはおかしいのではないでしょうか？〉

九ページからはじまる質問3には、N記者が受けた理不尽な体験が記されていた。

三カ月の休職から復帰したその日の夜に、人事担当者からパワハラ申し立てについての聞き取りをされたこと。「なぜ復職のまさにその日に、体調に気づかうこともなく、夕食もとらせず二時間も拘束するのか」との質問に対し、「速やかな聞き取りが必要だから」と言い放たれたこと。

そして、復帰三日目にこう告げられたこと。「この職場は一人でも欠けると回らない。週に一回は泊まり勤務もあって非常に厳しい。こういう環境を君が受け入れられるか、いま見極めている」。

翌週、「いつまでも病気だ、病気だと言わずに、ちゃんとがんばってくれよ」と上司から言われたこと。結局、N記者がNHKに申し立てたパワハラは認められなかったこと。何人にどんな聞き取りをしたか問うと、「それは言えない」。それはなぜかと問うと、「それがルールだから」と言われたこと。

一二ページにはこんな指摘があった。

〈たぶん私も佐戸さんのご両親も、パワハラの申し立てや過労死の申し立てをしなければ「かわいそうな人」として同情され、もっと丁寧に扱われたのだろうと思います。それが申し立てをした瞬間に、組織を守る上での「敵」、少なくとも最大限「警戒するべき存在」と設定され、こんな扱いを受けることになったのだと私は想像しています。しかし、こんなことでいいのでしょうか？〉

そして、最後のページには大きな文字で次の言葉が打ち込まれてあった。

〈「NHKで働いています」と胸を張って言える職場になってほしい〉

この質問状は然るべきルートでもって、すぐに局内を伝わっていったという。報道局の編集主幹、人事・労務担当の理事、そして、会長にも届いたとみられる。それから一年五カ月、N記者に対し質問状への回答は一切届いていないという。N記者は佐戸記者の両親に対して、こんな思いを伝えている。

「NHKの正職員であるというだけで、それはもう、とてつもなく社会的にメジャーというか強い側にいるかのような万能感があるんですよね。特に報道部門では。NHKというところで番組を作りニュースを出したら、まるで世の中を動かせているかのような。『だから、長時間労働して当たり前だろ』って。

未和さんが過労死だったというニュースが出たあとに、同僚がぽろっと言いました。『一五九時間って、ピークのときだったらそれくらい普通よね』。それに耐えられる者が生き残って、この会社で出世しているわけです」

二〇一九年三月二八日、参議院総務委員会でＮＨＫの予算審議が行われた。ＮＨＫは日本共産党・山下芳生議員の求めに応じ、過去一〇年間における在職中の職員の死亡者数と傷病休職者数を以下の通り公表した。長時間労働に起因すると思われる労災認定は、未和さんのケース以外に業務上の災害による傷病が二件あった。

	在職中に死亡した職員	傷病休職中の職員
二〇〇八年度	六人	五七人
二〇〇九年度	一二人	四三人
二〇一〇年度	一一人	四七人
二〇一一年度	七人	五〇人
二〇一二年度	一〇人	四七人
二〇一三年度	一一人	四〇人
二〇一四年度	八人	四〇人
二〇一五年度	九人	三六人
二〇一六年度	一一人	三三人
二〇一七年度	八人	四一人

後輩、取材相手、同僚、友人からのメッセージ

ＮＨＫの報道記者、佐戸未和さんが亡くなって六年近くが過ぎようとしている。あの日、突然の訃報を聞いた友人や同僚、取材相手がいた。四年以上がたってから、メディアの報道で、母の恵美子さんの講演で、未和さんの過労死をはじめて知ったという人もいる。未和さんの死はそれぞれの人にどう受け止められているのだろうか。

佐戸恵美子さんの話を聞く未和さんの後輩たち
2018年9月　桐蔭学園高校

二〇一八年九月二三日、未和さんが通った神奈川県の桐蔭学園高校に両親の姿があった。毎年秋に行われているセミナー企画のひとつに、恵美子さんが講演者として招かれたのだ。キャンパスでは文化祭も開かれていて、大勢の生徒と父兄で賑やかな雰囲気だ。校内にはかつて未和さんがラケットをふったテニスコートもあった。後輩たちは練習試合の真っ最中。元気いっぱいにボールを追いかけていた。

午前一〇時、五一二教室で恵美子さんの講演がはじまった。学校がつけたタイトルは、「考えよう、自分の生き方・働き方～ある過労死事件を通して～」。スライドで映し出される未和さんの写真に生徒たちが視線を送る。「私たちの先輩がＮＨＫで過労死をしていたなんて……」。恵美子さんが語る驚愕の事実にみん

なの表情がこわばった。

講演のあと生徒がインタビューに答えてくれた。

高校三年生、一七歳の女子生徒。

「先輩が過労死していたなんて知らなかったです。私は文系なのですが生き物が好きで、NHKの『ダーウィンが来た』をよく観ています。テレビ局が過酷な労働環境だというのは耳にしたことがありましたが、深刻な状況だなと思います。

お母様が、『時間が解決してくれるという人がいるけれど、遺族にとって解決してくれるような時間は流れない』と話していたのが印象的でした。私の親は共働きなので、両親の職場はどうなのか知りたくなりました」

高校三年生、一八歳の男子生徒。

「(きょう講演を聞いて)NHKの印象がちょっとだけ変わったかな。朝の番組を観ていても、(出演者が)いつも元気に、『おはようございます』と言っていますが、あの裏で実際はすごく大変なんだろうなと思うと、ちょっとかわいそうになりました。限界まで働くのが当たり前になっている社会を変えないといけないと思います」

鹿児島局時代、佐戸記者が取材した拉致被害者家族の市川健一さん。未和さんとの後日談を話してくれた。

「東京に転勤してから一年後に、『市川さん、遊びに行っていい?』と連絡がありました。未和ちゃんうちで一泊して、次の日私たちの講演に来てくれたんですよ。『久しぶりに市川さんの講演を聞きたい』と言って。その日の午後、友だちと会うからと言って帰りました。それが最後ですよね」

未和さんの訃報は後任のＮＨＫ記者から聞いた。「あの佐戸未和ちゃん？　あの元気な未和ちゃんが？」と信じられない思いだった。

健一さんの妻、龍子さんは未和さんがくれた布でクッションを作った。いつも持病の腰痛を案じてくれていた未和さんからのプレゼントだと思って大切にしている。

「未和ちゃん、いつも私の体を気遣ってくれていました。だから、亡くなったときには、『今年も来るだろうと思って、ゲストルームをきれいにしてあるよ』と、お礼の気持ちを天国に届けました」

健一さんのリクエストに応え未和さんが奏でたピアノの上には、昨年トランプ大統領と面会したときの写真が置いてある。佐戸記者が社会部の拉致問題担当を志望していたことを知り、健一さんはこう話す。

「取材しているときは一緒になって悩んだり、泣いたり笑ったりしてくれた人ですよ。だから、彼女がまた拉致問題の担当になればね、まっ先に、『市川さん！』と言って、やって来てくれたと思います」

「あの事件はいったい何だったのか。一日も忘れたことはありません。犯罪者あつかいされて会社をクビになった人、借金生活になった人もいますから」

志布志事件の被害者、川畑幸夫《さちお》さん。ＮＨＫの記者から未和さんの訃報を受け、葬儀の日に花を送った。最近、志布志事件について解説をする佐戸記者の映像を見返す機会があった。天国の未和さんに向けてコメントを求めた筆者に、「いろいろ報道されていますけど、自分の記憶では……」と話したところで涙が止まらなくなった。

川畑さんは中学を卒業してトラックドライバーになった。二四歳のとき事故でセメントが目に入り左目を失明した。その後、いくつもの仕事を経てやっとつかんだ穏やかな暮らしが、鹿児島県警の謀略によって壊された。

「……すみません。自分たちも冤罪がなくなるようにがんばっていきますので、佐戸さんにも(泣く)見守ってもらいたいと思います」

県警はいまだ被害者に直接謝罪をしていない。近県の人から、「やっぱり、(選挙違反は)あったんですね」とか、「本当はわからないですね」と言われることもある。朝日新聞以外のメディアが事件を伝えることはほとんどなくなった。それでも、「取材で佐戸さんに助けてもらった」という思いは変わらない。

佐戸記者は生前、鹿児島県警にこう問うていた。

〈県警察が無罪判決をどのように受け止め、どのように総括したのか。お答えを頂戴できましたら幸甚でございます〉

昨年、鹿児島県警に同じ問いかけをしてみた。一一月五日、県警本部警務部相談広報課長はこう返答してきた。「志布志事件についてコメントすることはありません」。

いま、ある県警ＯＢは事件についてこう話している。「あの捜査手法は時代的に古い。完全に警察に落ち度があった。自分たちも残念です」

「佐戸さんと初めて会った日のことは覚えています。私は転勤してきてホテル暮らしだったので、大きいスーツケースをがらがら引いているときに『これ、なんですか』って佐戸さんに聞かれました」

そう話すのは二〇一一年七月、都庁クラブに配属された川辺記者だ。東京都庁第一本庁舎六階にある幅四メートル奥行き一五メートルほどのＮＨＫのブース。のれんの向こうで迎えてくれたのが佐戸記者だった。

「ブースに入るとき、『はい、どうぞ』って声をかけてくれることもありました。彼女の席は入り口に近くて、みんなの通り道でしたから。で、私も出張に行ってお土産を買ってきたときなどには、『はい、どうぞ』と。佐戸さんは甘い物が好きでしたし、席の隣に冷蔵庫もありましたし。

佐戸記者は築地に突撃取材もしていますよ。とにかく足が速いんですね。ネットで調べたりするより先に、もう現場に行っちゃう。役所にも強くて現場にも強い。それは初任地で警察の取材もできて、なおかつ拉致被害者家族の取材もできたというのが、そのまま都庁でも活きていたのだと思います」

亡くなる直前、同じチームの佐戸記者はどんな働き方をしていたのか。川辺記者は記憶を頼りに思い出そうとしてくれた。

「ご存知の通り渋谷に会社があって、新宿にクラブがあり、取材の主戦場は霞が関だったりして、それを佐戸さんも行ったり来たりしていました。日付が変わって、『お疲れさん』という日もありましたし、一緒にならない日もありました。何時に帰ったか一日一日たぐろうとしたのですが、どうしても思い出せなくて。勤務体系が他の職種と違うというのはみんな認識していますし、みなし制だなというのは何となくわかりますよね。個人の頑張りというか、他の人のことは正直わからないです」

未和さんが亡くなる前の週、彼女と食事をした同僚のＯさんはこう話す。

「僕が納得いかない点は、当時の上司たちが処分を受けていないということです。会長をふくめて明確な処分は誰も受けていない。公表したにもかかわらず、いまだ処分をしていないということにNHKの体質を感じます。責任の所在をはっきりさせないまま、働き方改革を進めていきますって、すごくおかしいことですよね」

佐戸恵美子さんと話す機会があったNHKのL記者は、佐戸記者を悼む気持ちを伝えたのち、NHKの内部で起きている現実をこう語った。

「いま、NHKの職員が一番に求めているのは賃上げです。記者では政治部が一番カットされているんですけれど、年収にして一〇〇万円近く減りました。

NHKの経営はコストカットありきで、改革の世論を都合よく使っていると感じます。佐戸さんのこともうまく利用しているな、と仲間とよく話します。サービス残業が増えるだけだって。そこはご両親に一番伝えたいところです」

新人時代から未和さんと接してきた記者OBのEさんは、毎年佐戸家に通い焼香を続けている。佐戸記者の同期、平成一七年組とのつきあいも絶やさないでいる。

「やっぱり惜しい記者をなくしたというのがありますからね。未和ちゃんがどういう気持ちで選挙取材をしていたのかなと、いまも考えています。でも、選挙取材はやらざるをえないんです。それは未和ちゃんもわかっていたからやったんですよ。優秀な記者ほどそれをこなすんです。彼女はまさにそうだったと思いますよ。

未和ちゃんの同期のうち早い人はもうデスクになっている。そうなると、今度は選挙取材を指導しなきゃいけない年次です。下につなげなきゃいけないわけですから、嫌だなんて言ってられない」

あの夜、まっさきに警察署へかけつけてきた先輩記者のJさん。未和さんと遺族に贈った追悼文集にこんな言葉を添えた。
〈さどちん。直接言うことはついぞ無かったけれど、あなたがいつも、誰にでも同じ姿勢で接していたことを記者として、一人の人間として尊敬していました。農家のおやじでも政治家でも、会社の偉い人の前であっても。それって、なかなか出来ることでは無いからね。だからこそ、あなたの回りにはいつもたくさんの人がいて、愛されていたんだと思います。俺はあなたの先輩で本当によかったと思っているよ〉

この記者の追悼文を読んだ人がいる。未和さんの中学時代の国語科教諭、笹川三恵子さんだ。笹川さんは中学の卒業式から一五年後、未和さんの声を聞いていた。佐戸記者が作った参院選東京選挙区リポートを自宅のテレビで観ていたからだ。そして、卒業後の未和さんと再会することなく、きょうを迎えている。

「(追悼文集の)『誰にでも同じ姿勢で』というところが、本当に中学のときの未和ちゃんそのままですね。彼女はクラスの端っこにいるような男の子にも声を掛けていましたし、それが自然にできるお子さんでしたから。

常に全力で走っていたし、「だめよ、走ったら」と言っても、「はあい」といって階段を駆け下りていくような子でした。だから私には、そのまま会うこともなく駆け抜けていっちゃったという感じがあって。(亡くなる前に)上司の人か誰かが、『佐戸、もう今日は家に帰りなさい』って言ってくれてたらな、というのがすごくあります」

一橋大学を中心に混成メンバーで活動していたテニスサークル「キャノン」。二〇一八年八月、未

末和さんが参加していたテニスサークルのメンバー
2018年8月 恵比寿

和さんと同期だった五人がひさしぶりに集まった。写真撮影に応じてくれたのは、向かって左から、石本優美さん、糠澤朋子さん、古山瑞穂さん、金澤卓子さん、高橋奈美さん。古山さんが持って来たアルバムを広げながら、末和さんとの想い出を語り合った。

「そう言えば、末和、ミスコンに出たんだよね」

サークル活動に続いて話題になったのは、二〇〇三年秋に開かれた大学祭「一橋祭《いっきょうさい》」でのことだった。当時のチラシには、「一一月二日一二：五〇～事務棟前ステージ」と書いてある。日曜日のお昼に企画されたビッグイベントだ。

出演者は五人。全員一橋大学の女子学生だった。司会者がコールをした。

〈次は、〝こわいもの知らずの学生クリエイター〟佐戸末和さん。法学部三年、所属団体は「すなふきん」です〉

ステージの前にいた百人以上の聴衆が末和さんに視線を送る。チラシでは、「Knowledge about Miss Miwa Sado」として、こんな紹介がされていた。

〈クリエイターっぽい繊細さとは裏腹に、小学生ながら塾に行く途中にあった焼き鳥屋の親父と仲良くなってバイトをしたり、高校のときはテニスで横浜地区三位にもなっている〉

応募のきっかけは、クラスメイトと作った留学生交流会「すなふきん」の出店に客を呼び込むことだった。ステージの未和さんは、「すなふきんのバーにも来てください！　サービスしますよ」と照れ笑いをしながらアピールしたという。

「キャノン」のメンバーから話を聞いた翌日、メンバーの糠澤さんから筆者にこんなメールが届いた。「きのうは未和のことをみんなで思い出しながら、あたたかな時間を過ごすことができました。うまく言葉にできなかったことを、今朝書き出してみました。友人として、また、メディアに携わる者として、未和のことをなかったことにしたくないと強く思います」。添付された手紙にはこう書かれていた。

〈あまりに近い友人だったので、報道で未和の写真が出てきても、「大好きな友人が亡くなった」という悲しみに尽きますし、もう彼女と会えないという実感はわいてきません。

いまご両親のご尽力もあって少しずつ真実が明らかになってきています。それはとても大事なことだと思います。でも、過剰に彼女を「かわいそうな人」にして欲しくない、と思うこともあります。あんなに朗らかで誰からも愛された人だから。

ただ、精一杯三一年を生きた彼女が確かにいたことを知ってもらいたい、とも思うのです。そして、救えた命だったかもしれない、ということを忘れたくないと思います〉

大学のクラスメイトだった久下藍子さん(三七)。二年生の秋、未和さんと一緒にタイへ観光旅行にいった。旅の途中、ホテルのテレビに流れていたニュースに、未和さんはじっと見入っていたという。

「バンコクかアユタヤ、どちらかのホテルでした。拉致被害者が北朝鮮から帰ってきたっていうニュースをやっていて、未和はそれを一生懸命見てたんですね。彼女、何か言ってたかな。ずっと黙っ

未和さんと学生時代の友人　久下藍子さん(右)
2002年10月　バンコク　遺族提供

ていたかもしれません」

就職活動中、「緊張しすぎて、面接の部屋にかばんを忘れて出てきちゃった」と言って、久下さんを笑わせた未和さん。NHKに就職してから自分が担当した番組について案内をしてきたことはない。拉致被害者家族を追った番組を作ったことも知らなかった。最後に会ったのは未和さんが亡くなる一〇日ほど前の週末。休日の予定が変更になった日だった。

「六本木のカフェでお茶を飲みながら話をしていたら、未和がそのまま仕事に行くと言いだして。『選挙の街頭取材をするんだ』ということでした。あのときに私との約束はキャンセルして、その時間だけでも寝ていればよかったのにと、あとで思ったりするんです。あのときに休んでいたら、もし何かが一つでも違っていたら、こんな風にならなかったかもしれないと」

未和さんの婚約者だった男性は、いまも彼女のことを想い続けている。

最後に会ったのは亡くなる一〇日ほど前の深夜だった。選挙取材のため未和さんが出勤することになった日曜日。仕事から戻った彼女と遅い夕食をとって別れた。

あの日からもうすぐ六年。婚約者はいまも両親のもとに足を運び、未和さんの遺影に向かって手をあわせている。最近、未和さんが使っていた最後の取材ノートを久しぶりに目にした。そして、「ああ、使っていましたね」と静かに語った。

心残りなのは、未和さんが最後に発信した自分への電話に出られなかったことだ。二つの選挙を乗り越え、自身の送別会も終わったあの夜、いったいなにを伝えたかったのか。

「二時五六分のあの電話で未和は何を話そうとしたのかなって、いまでも気になります。『やっと終わった』と言いたかったのでしょうか」

中学時代の同級生、須田槙子さんはきょうも未和さんが通勤していたのと同じビルに通っている。タクシーに乗り込む未和さんと別れた北側の玄関を入り、エレベーターホールに向かう。行き先階のボタンを押すと、未和さんが働いていたＮＨＫ都庁クラブのことが気になるという。

「エレベーターで未和が働いていた六階を通過する度に思い出します。私の職場にも未和のことを慕っていた人がいますから、ときどき話すこともあります。佐戸さん、才能を生かせる仕事について、これからだったのに、と。

あの夏は本当に暑かったんですよね。そんなときに選挙が二つあって、深夜になって更に仕事をするって……。ありえなくてショックです。自分もなにかしてあげられることがあったんじゃないかと、すごく思います」

中学の名前は変わり、テニスコートもきれいになった。でも、未和とボールを打ちあった三年間のことは忘れない。そして時々、「さどみわ」が卒業アルバムに書いてくれた言葉を読んでみる。

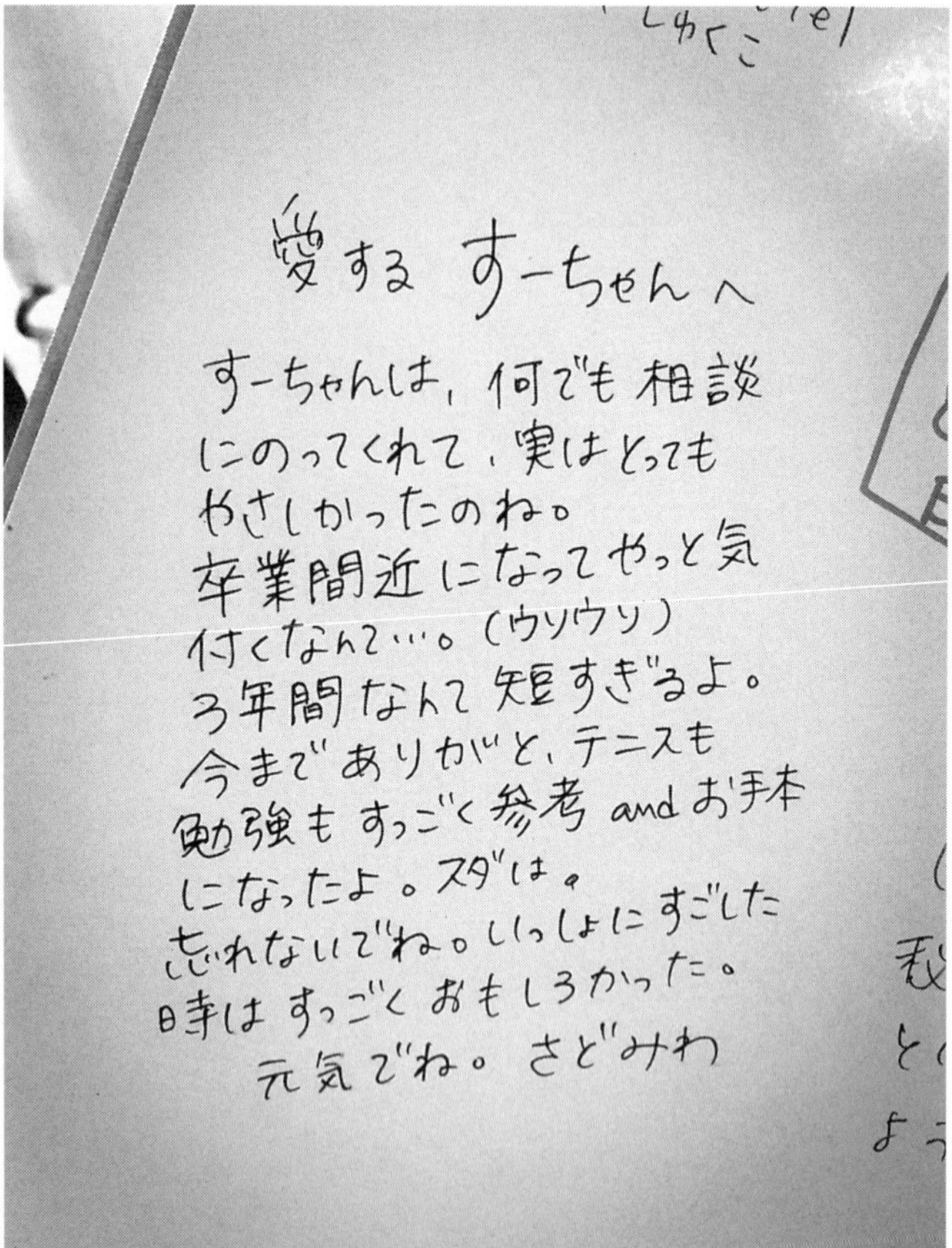
愛するすーちゃんへ
すーちゃんは、何でも相談
にのってくれて、実はとっても
やさしかったのね。
卒業間近になってやっと気
付くなんて…。(ウソウソ)
3年間なんて短すぎるよ。
今までありがと、テニスも
勉強もすっごく参考 and お手本
になったよ。スダは。
忘れないでね。いっしょにすごした
時はすっごくおもしろかった。
元気でね。さどみわ

未和さんが須田槙子さんの卒業アルバムに書いたメッセージ

あとがき――同期記者のYさんへ

「未和ちゃんとの思い出はいっぱいあるので、喜んで協力します」

両親と私が未和さんについての記録をまとめはじめた二〇一七年一一月、同期記者のYさん、あなたは佐戸守さんにこう応えてくれました。大変うれしい申し出だったので、守さんともども面会の日を楽しみに待つことにしました。あなたのことはNHK有志のみなさんが作った追悼文集『In Memory of MIWA SADO』の八ページでこう紹介されています。

〈同期であり首都圏放送センターの同僚であり、都庁クラブの後任でもありました〉

追悼文集の中で、あなたは自身の寄稿文を次の文章で締めくくっています。

〈私は今、後任の都庁担当として未和ちゃんが使っていた椅子に毎日座っている。この席で未和ちゃんはどんなことを考え、仕事に打ち込んだのか。ふとした瞬間に未和ちゃんを思い出す。あの明い笑い声と快活なしゃべり。そして話をよく聞いてくれた未和ちゃんを忘れない〉

寄稿文に添えられたあなたの顔写真はきりっとした表情で、まっすぐ正面を見すえています。笑顔や穏やかな表情の写真が多いほかの六二人と比べ、やや特異に感じるほどです。もしかしたら、未和さんの両親がかかえているいくつかの疑問に答えてくれるかもしれない。そんな期待を持たせてくれるページでした。

面会にあたって守さんはあなたにこう伝えました。「必要ならば、上司の方の了解をとっておいたほうがいいかもしれませんね」。そして翌月、私はＮＨＫ放送センターの四階にある編成局に呼ばれ、あなたの上司と面会することになりました。

あなたの上司は当時報道局社会部専任部長だった男性記者です。志布志事件の無罪判決を伝える佐戸記者をそばで見ていた方で、社会部のエース記者として全幅の信頼を得てきた人です。編成局の打ち合わせ室には当時編成局計画管理部副部長だった男性記者もいました。こちらの記者は初任地が福島局で、社会部の記者としてオウム真理教の取材にも関わり、「クローズアップ現代」でＶＴＲリポートもしたそうです。

自己紹介のあと、私に対してこんなリクエストがありました。

「企画書のようなものがあれば見せてください」

当時、私はリサーチをはじめたばかりで企画書など作れる段階ではありませんでした。また、企画の趣旨や目的などについては両親と一緒にまとめ、すでに提出していました。

ゆえに私は、「未和さんが生まれたときのことから順を追って紹介していくことになると思います」と概要を伝えました。すると、あなたの上司はこんな質問をしてきました。

「佐戸さんの働き方の問題についても当然、触れられるんじゃないかと思うんですけど。ＮＨＫのあり方みたいなものとか、当時のＮＨＫの関係者にこういう問題点があったと、そういう筋書きも構成の中に入っているということですか」

私はこう答えました。

「取材に応じてくれた方がなにを伝えてくれるか次第だと思います。無理強いや思い込みは慎まないといけませんから。ご両親はなんで未和は死んだのか、なんで四年間も局内で周知されてこなかったのかと、その疑問が……」

　両親の思いも含めて、客観的な立場で話の受け止め役に徹していくつもりだと語りはじめた途中で、あなたの上司と副部長は「カチッ」とボールペンを鳴らし、ほぼ同じアクションでもって私の言葉をメモしました。そして、「なるほど。わかりました」と低くうなずいたのです。

　六日後、あなたの上司から私に電話がありました。回答はこうでした。

「組織として検討した結果、Yへの取材には応じられないことになりました。もちろん、Y本人にも伝えています」

　二〇一八年の一月にはこんなことがありました。

　昼食休憩の時間、私はNHKのディレクターから佐戸記者との思い出について街の喫茶店で話を聞いていました。そして、それぞれの職場に戻る途中、ディレクターの知り合いがいるフロアに立ち寄りました。ディレクターとその知り合いは佐戸記者についての思い出を共有していました。初対面の私は一声だけ挨拶をして、すぐにその場を去りました。

　三週間後、私は放送センター九階にある制作局に呼ばれました。そこにいたのは二人の制作局幹部です。窓際にある個室に入ると、まるで行政文書のような一通の手紙を紹介されました。「尾崎という者が入館証を不正使用して佐戸記者についての取材を企んだ。反省なくば入館証の発行を差し止める」という趣旨のものでした。手紙の差出人はオウム真理教の取材で名をはせた、あの編成局計画管理部副部長でした。

　同じころ、街の喫茶店で話を聞いたディレクターから、私の自宅に手紙が届いていました。そこには、「お話しした内容が一部でも外部で利用されると困ります」と書いてありました。あの日、昼食休憩の後に別れてから何があったのか、想像に難くはありませんでした。

私は、入館証の発行母体○○番組部をつかさどる制作局の幹部二人に事情を説明しました。その結果、過労死をした職員について局内のフロアで取材をするなんてありえない、という私の説明が理解されました。「入館証の不正使用を目論んだ」という見立てに無理があったということについてもです。最後に制作局の幹部は私に向かってこう話しました。

「(手紙に)間違いのある記述があったことに対しては、(編成局副部長から)きちんと訂正させていただくなり、謝らせていただく」

その後、訂正や謝罪の言葉は届いていません。それどころか、コンスタントに仕事の依頼があった○○番組部から急に声がかからなくなりました。私は主たる収入源を失ったわけです。

これらの出来事について、Yさん、あなたはどうお感じになるでしょうか?

私はこう受け止めました。天国にいる未和さんが、自分を死へと追いつめたものの正体を、こんな形で私に伝えてくれたのかもしれない、と。その正体とは、普段意識されることがない、しかし、いざというときに圧倒的な力を発揮してしまうもの。自分たちを守ってくれると思っていたら、いつのまにか一人ひとりを分断し、従順さを競わせるだけの存在になっていたもの。そうです、組織です。

Yさん、あなたの上司は両親に再三再四こう説明しています。

「内規に照らして、ご協力できないということになりました」

彼が言う内規とは「NHKコンプライアンス読本」という冊子のことのようです。

冊子はA5版カラー刷り八一ページで、会長のことばではじまり職員就業規則の抜粋で終わっています。最新版の奥付には、「編集　平成三〇年四月　リスク管理室　人事局」、表紙には四角囲みで「取扱注意」と書いてあります。三章「職員に共通するルール」の「五　私生活上のことに関するルールと注意事項」に該当の箇所が見つかりました。「(三)職場の外で」の最後の三行です。

〈NHKに関し、他のメディアからの取材や問い合わせを、職員が直接受けることがあります。そうした場合は、軽率な受け答えを控え、上司に報告するようにしてください〉

このルールのもとになっている規則があるようです。職員就業規則第二章「服務」の第一〇条(許可を要する事項)の第三項です。

〈業務に関して新聞、雑誌、インターネット、イベント、放送等を利用して寄稿、出版、講演、出演等をすること〉

あなたの上司は、あなたの自発的な意思を妨げた理由について、のちにこう語りました。「当然のことながら、組織の意に反するような出版は認められないということになろうかと思います。そうした内規です」。

内規の本質は、組織防衛のため職員を縛ることだとつまびらかにするあなたの上司。常に冷静で言葉を選んで話す彼が、なぜ「出版は認められない」という表現を使ってまで、断固拒否の姿勢を伝えてきたのか。それは、佐戸記者の死が偶然ではなく、自他からの検証を許さない組織風土が引き起こした必然だったと知られたくなかったからではないでしょうか。なぜならYさん、あなたの周りで既にそのような疑念がくすぶっていたからです。『In Memory of MIWA SADO』の八ページで、あなたの左となりにいる同期の女性記者がこう訴えています。

〈平成一七年入局の女性記者はみんな頑張り屋でまっすぐで一生懸命です。だからこそ、あなた(未和さん）の死が一年たったいまも切なく、胸にせまります。あなたの死についても、四年前に亡くなった○○記者の死についても、わたしは何ひとつ納得していません〉

地方局在任中に自死へと追い込まれた○○記者。北関東出身で初任地は関西だということ以外、詳細を知る人はほとんどいません。未和さんのケース以外にも、何ひとつ納得できない死がＮＨＫにはまだ眠っているのです。

一九八八年に過労死が起きていた、という情報も届きました。看板番組「ニュースセンター９時」が「ニュースＴＯＤＡＹ」に衣替えした日のことです。当日まで企画の編集をしていた編集マンが、生放送が終わり編集室へ戻ったところで倒れ、亡くなったそうです。「これは組合問題だ」と提起した職員もいましたが、亡くなったのが外部スタッフだったので交渉事にはならなかったようです。

第10章で紹介したＮさんのように、組織的なパワハラ行為を受けながら、泣き寝入りしていた記者もいました。取材相手からセクハラされたことを上司に報告したところ、「それくらいがまんしろ」と突き放され、ＮＨＫを退職することになった女性記者もいました。

いまＮＨＫでは他メディアから無断で匿名取材をうけた「犯人」捜しが行われているそうです。特に記者に対する圧力は激しく、しらみつぶしの捜索が続いているというのです。ある同期記者は、佐戸さんのことはかなりセンシティブな話題なので話せない、と私の取材を断りました。

Ｙさん、こんな状況の職場にあって、真っ先に手をあげてくれたあなたに敬意を表します。あのあと、あなたに続いて、これだけ多くの職員が未和さんへの思いを伝えてくれました。中には、ジャーナリストとして第一線で活動しながら、上司の許可を得ないと何一つ話せない我が身を振り返り、天をあおぐ報道局員もいました。結局、彼のインタビューは掲載できませんでした。そのかわり、取材現場で遭遇した未和さんからのメールを紹介してくれたのです。

〈仙台でニアミスだったね。本当に復興できるのかわからないような現場だ。がんばって取材しよう！　April, 2011　miwasado〉

なぜこの職業を志し、なにを信念として現場に立っているのか。未和さんの死をきっかけに、生身の自分に問いかけるＮＨＫ職員それぞれの人間模様――。

忖度ばかりのＮＨＫに嫌気がさして、全国紙に転職した記者がいました。

佐戸さんの分までしっかりとした取材をしようと、胸に刻んだ記者がいました。

入局時五五人だったあなたの同期記者は四四人になりました。あと十年もすれば管理職として現場を統括することになります。今年入局する七一人の記者も一人前になる頃でしょう。そのとき、未和さんにどんなＮＨＫの姿を見せてあげられるのか、局内で働く者の一人として期待せずにはいられません。

私はこの一年半、「ＮＨＫ記者佐戸未和、ジャーナリスト佐戸未和をご存じですか」と尋ねてきました。志布志事件取材の先駆者のひとり、朝日新聞の梶山天《たかし》記者は、「過労死の公表まで知らなかった」と言います。佐戸家を取材したＴＢＳの金平茂紀キャスターも同じです。「クローズアップ現代」を担当したこともある佐戸記者について、キャスターの国谷裕子さんはこう伝えてくれました。

「当時、ＮＨＫで多くの人と一緒に仕事をしており、特別に彼女のことで記憶していることはありません」

取材相手から、必ずといっていいほど好感を持たれた未和さん。人柄と能力と経験をフルに発揮させ、魅力的なジャーナリストとして羽ばたこうとしていた矢先の死でした。だからこそ悔しいし、活字の中で蘇った未和さんが多くの方に知られ、人々を励まし続ける存在であるよう祈ります。

尾崎孝史

二〇一九年三月

主な参考資料

朝日新聞、読売新聞、毎日新聞、日本経済新聞、一橋新聞、Yahoo! ニュース
TBS、日本テレビ、テレビ朝日、テレビ東京
NHKニュース、「首都圏ネットワーク」、「クローズアップ現代」、「ドキュメントにっぽんの現場」、「あさイチ」、「週刊ニュース深読み」、「プロフェッショナル」、「NHKスペシャル」、「首都圏情報ネタドリ！」

NHK有志『In Memory of MIWA SADO』非売品
日本放送労働組合『日放労史（一九七七〜一九九七）』
下村健一『窓をひろげて考えよう』かもがわ出版
浅野健一「『架空の事件』見抜けなかったメディア」『マスコミ市民』二〇〇八年四月号
朝日新聞鹿児島総局『「冤罪」を追え』朝日新聞出版
森岡孝二、川人博、鴨田哲郎『これ以上、働けますか？』岩波ブックレットNo.六九〇
朝日新聞社「若者よ、ジャーナリストを目指せ！　採用担当者座談会」『Journalism』二〇一六年三月号
中原のり子、植山直人「過労に殺される医師たちを見つめて」『世界』二〇一七年一一月号

高橋幸美、川人博『過労死ゼロの社会を』連合出版
牧内昇平『過労死　その仕事、命より大切ですか』ポプラ社

尾崎 孝史
映像制作者，写真家
NHK でドキュメンタリー番組の映像制作に携わる．「クローズアップ現代＋」，「ETV 特集」などの番組に写真提供．「おはよう日本」で写真展紹介．著書に『汐凪を捜して 原発の町 大熊の 3・11』(かもがわ出版)．組作品『厳冬 警戒区域』で視点賞．写真集『SEALDs untitled stories 未来へつなぐ 27 の物語』(Canal＋)で日隅一雄賞奨励賞．JRP 年度賞．

未和 NHK 記者はなぜ過労死したのか

2019 年 5 月 8 日 第 1 刷発行
2019 年 6 月 14 日 第 2 刷発行

著 者 尾崎《おざき》 孝史《たかし》

発行者 岡 本 厚

発行所 株式会社 岩波書店
〒101-8002 東京都千代田区一ツ橋 2-5-5
電話案内 03-5210-4000
https://www.iwanami.co.jp/

印刷・三秀舎 製本・松岳社

JASRAC 出 1903718-902

ISBN 978-4-00-024888-4 Printed in Japan